Découvrez l'histoire
par les archives
de presse

AF451986

RETRONEWS
Le site de presse de la BnF
SE CONNECTER   S'ABONNER
Au quotidien   Par époque
RECHERCHE AVANCÉE +
Rechercher parmi 3 siècles de presse en ligne
NAPOLÉON   LAMARTINE   BASTILLE   VICTOR HUGO   BORDEAUX

RETRONEWS
Le site de presse de la BnF
www.retronews.fr

BULLETIN

DE LA

SOCIÉTÉ ARCHÉOLOGIQUE

DU

VENDOMOIS

VENDOME

IMPRIMERIE & LITHOGRAPHIE LEMERCIER

BULLETIN

DE LA
SOCIÉTÉ ARCHÉOLOGIQUE
DU
VENDOMOIS

Iᵉ ANNÉE

1862

VENDOME

DEVAURE-HENRION, LIBRAIRE

(N° 1.)

—

SOCIÉTÉ ARCHÉOLOGIQUE

DU VENDOMOIS

RÉUNION DU 9 JANVIER 1862.

La Société Archéologique du Vendomois s'est réunie le 9 janvier, à midi, dans la grande salle de l'Hôtel-de-Ville.

Le président a ouvert la séance en donnant la parole au secrétaire. Ce dernier a communiqué à l'assemblée une lettre par laquelle M. le Préfet autorise la formation de la Société Archéologique du Vendomois, et demande que les statuts, après avoir été discutés et adoptés en assemblée générale, lui soient adressés en triple expédition, afin qu'il les fasse approuver par l'autorité supérieure.

Le secrétaire fait ensuite connaître le nom de tous les membres qui, jusqu'à ce jour, ont adhéré à la Société, au nombre de 81. Nous en donnons la liste, dans l'ordre de leurs adhésions, en commençant par ceux qui sont présents à la réunion :

MM.

Renou Émilien, président,
De Deservillers, vice-président,
Launay, secrétaire,
Ch. Chautard, secrétaire-adjoint,
G. Boutrais, trésorier,
Nouel, conservateur,
Ch. Bouchet,
L'abbé Bourgogne,
Il. de Brunier,
Rolland, notaire,

    Membres du Bureau.

Mareschal-Duplessis,
Boutrais Jules.
Lacroix Achille.
Bruland, pharmacien.
Chautard Marcel.
Lemercier, imprimeur.
Lehoux, avocat.
Hême, médecin à Thoré.
De Lavau père.
De La Haulière, avocat.
Deshayes, pharmacien.
Bellenoue Frédéric.
Chautard, médecin.
Imbault, propriétaire.
Jourdain Paul.
Beaumetz, propriétaire à Prépatour.
De Saint-Venant, ancien ingénieur en chef.
Launay, libraire.
Bourgogne, curé à Maves.
L'abbé Roullet, vicaire de la Trinité.
Mahoudeau.
Brault, médecin.
Neilz, cultivateur propriétaire.
Filly, avoué.
Ch. de Lavau.
Adrien de Lavau.
Martellière-Bourgogne, avoué.
Roger Camille, ancien capitaine d'artillerie.
Gendron, conservateur des hypothèques.
Tremblay, curé de Villeromain.
De Ménibus, lieutenant-colonel au 9ᵉ chasseurs.

Ont adhéré et ne sont pas présents à la réunion :

MM.
Chautard, professeur à la faculté de Nancy, } *Membres*
Queyroy, conservateur-adjoint à Moulins, } *du bureau*
Caille, curé de la Trinité.
Rolland Albert, à Poncé.
Dessaignes Victor.
Boutrais, procureur impérial à Beaugé.
Lemoine, professeur de musique.
Maître, receveur des domaines à Droué.
Dattin, juge d'instruction.
De Trémault Gédéon.
Le Roy, propriétaire.
De Trémault Auguste.
Piédor, ancien payeur à Orléans.

De Lannois, percepteur à Savigny.
Bouchet Paul, architecte au Mans.
Duriez Jules.
Thillier Joseph, à Paris.
Dehargnes, négociant à Vendôme.
De La Panouze, à La Ville-aux-Clercs.
De Martonne père.
De Martonne fils, archiviste à Blois.
Pompeï, procureur impérial.
Beaufeu, notaire à Paris.
L'abbé Girard, vicaire de la Madeleine.
Le général d'Orgoni, à Paris.
De Montéclain.
Dessaignes, à Champigny.
Bozerian, conseiller général.
Ménard, à Paris.
Marganne, architecte.
Dupré Auguste, professeur à Paris.
Dupré Édouard,   id.
Delaunay (l'abbé), à Pont-Levoy.
Fournier, receveur des domaines à Pouancé.
Bourgeois (l'abbé), à Pont-Levoy.
Lecerf, médecin à Sargé.
Tiennet, aumônier de l'hospice.
Odéré Edmond, à Bordeaux.
Monsabré, curé de la Madeleine.
Devaure, libraire.

M. le président lit ensuite le discours suivant :

« Messieurs,

« La fondation d'une Société savante, quels qu'en soient
le nom et le but, est toujours un évènement pour la ville
qui la voit naître. Depuis longtemps sans doute cette fondation aurait pu s'accomplir ; mais aujourd'hui les circonstances
sont favorables : la bienveillance du Gouvernement nous est
assurée d'avance, et le zèle de quelques personnes dévouées
n'a eu qu'à se produire au jour pour grouper autour d'elles
l'élite de la population de notre contrée. C'est grâce à ce
concours empressé que la Société Archéologique du Vendomois est aujourd'hui en mesure de se constituer définitivement.

« L'organisation scientifique d'un grand pays comme la
France est aujourd'hui bien évidente : dans la capitale
d'abord, l'Institut, destiné à recevoir et à répandre au loin
tout ce qui se produit de nouveau dans les sciences, mais

qui, par l'étendue de son programme, ne peut liver à la publicité que des résumés substantiels des travaux qui lui sont soumis; ensuite les sociétés spéciales, dans le sein desquelles, au contraire, se discutent à fond toutes les questions pendantes. Ces Sociétés ont une grande importance et une influence non moins grande sur les progrès des sciences. Les questions en litige, tant qu'elles ne sont pas résolues, y sont ramenées sans cesse avec une persistance extrême, souvent fastidieuse; quelquefois même la passion se met de la partie; quelques personnes peuvent être froissées dans leur manière de voir, mais la lumière finit toujours par jaillir de ces procès où de nouveaux faits sont sans cesse apportés et où le pour et le contre sont débattus avec une égale opiniâtreté.

« Telles sont les Sociétés d'agriculture, d'horticulture, de géologie, de météorologie, de chimie, de botanique; il en manque encore plusieurs, par exemple des Sociétés de physique et d'astronomie, dont la fondation ne saurait sans doute être bien éloignée.

« Ce cadre est complet, du moins en théorie; dans la pratique, il s'est trouvé que l'Institut, appelé à recevoir les communications des savants de la France entière, ne pouvait donner des encouragements suffisants, une publicité suffisante et suffisamment rapide, à tous les travaux qui lui sont envoyés des départements. De là l'institution récente, au Ministère de l'instruction publique et des cultes, d'un comité des travaux historiques et des sociétés savantes, divisé en deux sections : celle des lettres et celle des sciences; le premier projet qui avait donné lieu à la création de ce comité était une description scientifique complète de la France. Après quelques tentatives et un plus mûr examen, ce projet a paru impraticable, quant à présent, et a dû être abandonné. Le comité, réorganisé et complété seulement l'an passé, reçoit communication de tout ce qui est adressé au Ministère par les Sociétés savantes des départements; les rapports sur ces travaux sont faits dans un délai déterminé, toujours très-court, et les travaux jugés dignes sont insérés dans la *Revue des Sociétés savantes.* L'échange des publications a lieu entre les Sociétés par l'intermédiaire du ministère; un Annuaire publie chaque année des renseignements complets sur les Sociétés savantes des départements. Enfin, par une heureuse innovation, le 25 novembre dernier, les délégués de toutes les Sociétés se sont réunis à Paris, sous la présidence de M. le Ministre de l'instruction publique. Cette solennité, précédée de quatre séances consacrées aux communications des savants qui s'étaient fait inscrire à cet effet, a été suivie de la distribution des récompenses aux Sociétés ou aux savants qui les avaient méritées par leurs travaux. Cette solennité doit se perpétuer d'année en année.

« Voilà pour l'organisation centrale de la science.

« Dans les départements, les études scientifiques ont généralement un caractère différent de celui qu'elles offrent à Paris et dans quelques grandes villes possédant une Faculté des sciences et des lettres, de riches collections, des Académies nombreuses, pourvues de budgets importants. La plupart des villes de province trouvent devant elles un cadre tout tracé, et leur but est d'y étudier ce qu'on ne peut pas étudier ailleurs; elles se restreignent en général à des études scientifiques locales.

« C'est dans cette paisible section de la phalange scientifique que nous irons planter notre modeste drapeau.

« En prenant le titre de *Société Archéologique du Vendomois*, nous avons voulu nous donner le nom le plus simple et en même temps le moins prétentieux. Il est bien entendu, néanmoins, que nous ne resterons étrangers à aucun sujet d'études, et que les sciences, les lettres et les arts, trouveront au sein de la Société le même accueil et le même intérêt.

« La formation de collections d'archéologie, de paléontologie, d'histoire naturelle, appellera notre constante sollicitude; le simple projet de cette formation nous a déjà valu le don d'un assez grand nombre d'objets de notre compétence. La formation de collections d'histoire naturelle locale, de fossiles de nos terrains, des végétaux et des animaux de notre contrée, sera d'un grand intérêt et même d'une grande utilité. Pour n'en citer qu'un exemple, n'est-il pas vraiment singulier de voir combien peu de personnes connaissent le nom des oiseaux de passage et même des oiseaux sédentaires qui inondent nos bois ou nos plaines, combien peu savent distinguer la dangereuse vipère de l'inoffensive couleuvre? Cette ignorance ne peut être imputée à la population, car où apprendrait-elle ce que je lui reproche de ne pas savoir? Lorsqu'elle aura à sa disposition des collections d'histoire naturelle, elle apprendra aisément ce qui lui manque, du moins beaucoup sauront le plus essentiel.

« Nos principaux sujets d'étude, du moins quant à présent, seront les suivants :

« L'Archéologie, qui vit des débris du passé, débris enfouis le plus souvent au sein de la terre qui les dérobe aux yeux du passant, mais les préserve du vandalisme de l'indifférent pour les rendre intacts au savant investigateur ; c'est un fonds de réserve qui ne s'épuise qu'à mesure du besoin ;

« La Géologie, cette archéologie des monuments de la nature, monuments infiniment plus anciens que ceux des hommes et plus anciens que l'homme lui-même ;

« La Météorologie, qu'on peut, au rebours des autres sciences, pratiquer avec d'autant plus de succès qu'on est plus isolé ;

« L'Agriculture, dont l'utilité, non-seulement comme art pratique, mais comme science, comme science élevée, profonde, est hors de toute discussion ;

« Enfin la Géographie, que je place à dessein au dernier terme de cette revue très-abrégée, parce que je veux appeler particulière.nent votre attention sur cette partie de nos études ; là rien n'est à créer, rien même n'est à découvrir ; il s'agit seulement de décrire ; il s'agit de dresser un catalogue complet de notre arrondissement.

« La géographie de la France est encore à faire ; ou pour préciser davantage, elle s'arrête à la commune ; au-dessous de la commune rien n'est classé, si ce n'est pour quelques départements ; et j'étonnerais sans doute bon nombre d'auditeurs si je leur disais qu'il n'y a aucun moyen, absolument aucun, de déterminer où se trouve tel ou tel hameau, ferme ou château, dont on rencontre le nom isolément.

« La confection d'un dictionnaire géographique complet, ou pour mieux dire aussi complet que possible, de l'arrondissement de Vendôme, sera un de nos premiers soins, je pourrais dire un de nos premiers devoirs, car on contracte des obligations envers ses concitoyens quand on accepte la tâche de les éclairer. Ce dictionnaire comprendra l'archéologie et la statistique ; ce sera un long travail pour lequel nous aurons besoin de la collaboration de plusieurs membres de la Société et du concours d'un grand nombre d'autres, aux lumières desquels nous faisons dès à présent appel. Trop heureux si nous réussissons à inaugurer les premiers ans de notre association par un travail d'une incontestable utilité ! »

Ce discours, écouté avec une profonde attention, a été suivi de la lecture du règlement, qui, après avoir subi quelques modifications, a été adopté par l'assemblée, tel que nous le reproduisons ici.

RÈGLEMENT DE LA SOCIÉTÉ.

Art. 1er. — Il est institué à Vendôme une société savante sous le nom de *Société Archéologique du Vendomois.*

Art. 2. — Cette société a pour but de provoquer et de réunir les offrandes de tous les objets d'archéologie, d'art ou d'histoire naturelle pouvant intéresser le Vendomois, tels que livres, manuscrits, autographes, inscriptions, monnaies, médailles, cachets, poteries, parures, armes, tableaux, sculptures, animaux conservés, plantes, minéraux, fossiles, etc.

Elle a encore pour but d'indiquer et de faire exécuter des fouilles, de veiller à la conservation des monuments anciens de l'arrondissement, et de stimuler les travaux littéraires, artistiques ou scientifiques.

Toute discussion sur des matières politiques ou religieuses est formellement interdite.

Art. 3. — La Société se compose de membres titulaires dont le nombre est illimité, résidant ou non dans le Vendomois.

Elle reçoit les communications de personnes étrangères à la Société.

Art. 4. — Chaque membre verse annuellement entre les mains du trésorier une cotisation fixée à cinq francs.

Art. 5. — L'administration de la Société, la conservation des dons offerts et l'acquisition de nouveaux objets, sont confiées à un Bureau composé de douze membres élus par la Société au scrutin secret et à la majorité des suffrages des membres présents.

Art. 6. — Le Bureau se compose d'un président, d'un vice-président, d'un secrétaire, d'un trésorier, d'un conservateur-archiviste et de sept autres membres.

Art. 7. — Le président, et en cas d'absence, le vice-président, veille à l'observation du règlement ; il convoque les réunions du Bureau et les assemblées générales ordinaires et extraordinaires ; il règle l'ordre du jour des séances. Dans toute délibération, en cas de partage, sa voix est prépondérante.

Le secrétaire rédige les procès-verbaux des séances, il est chargé de toute la correspondance.

Le trésorier est chargé des recettes et des dépenses de la Société.

Le conservateur-archiviste est préposé à la garde des archives, au classement et à l'entretien des collections.

En cas d'absence, les président et vice-président sont remplacés par le doyen d'âge du Bureau ; le secrétaire est remplacé pas le plus jeune membre.

ART. 8. — Les membres du Bureau sont soumis annuellement à l'élection, à l'exception du secrétaire, du trésorier et du conservateur-archiviste, qui sont élus pour trois ans.

A la fin de la première année, le sort désignera trois membres qui doivent sortir en même temps que le président ; à la fin de l'année suivante, les quatre autres membres sortiront de droit, et ainsi de suite d'année en année.

Tout membre sortant du Bureau n'est rééligible qu'après un an d'intervalle, excepté le conservateur-archiviste, qui peut être réélu indéfiniment.

Le vice-président devient de droit président l'année suivante.

ART. 9. — Le Bureau est chargé de la réception des membres de la Société ; ils sont nommés à la majorité absolue des suffrages.

ART. 10. — Les réunions du Bureau ont lieu tous les premiers jeudis de chaque mois.

ALT. 11. — Les assemblées générales ordinaires de la Société ont lieu une fois par trimestre, les seconds jeudis de janvier, avril, juillet et octobre.

ART. 12. — Dans la séance générale d'octobre, il est procédé à la réélection du Bureau, qui entrera en fonction au 1er janvier suivant.

Le conservateur-archiviste rend compte de l'état des collections, des dons et des acquisitions.

Le trésorier expose la situation financière, et présente le budget de l'année suivante.

ART. 13. — Tout membre de la Société a le droit de visiter les collections et de consulter les archives ; mais aucun objet ne peut être déplacé que sur l'autorisation du président et sur un récépissé de l'emprunteur, qui est responsable de l'objet à lui confié.

Art. 14. — Le nom du donateur sera inscrit sur tout objet offert à la Société.

Art. 15. — En cas de dissolution de la Société, les membres qui en feront partie prononceront, en assemblée générale, sur la destination à donner aux fonds en caisse et aux objets composant les collections.

Le trésorier est ensuite appelé à présenter le budget de l'année 1862. Il le fait en ces termes:

« Messieurs,

« Le trésorier provisoire a l'honneur de vous soumettre le projet de budget arrêté par le bureau de votre Société, dans sa séance du 2 janvier 1862.

» Tout budget comprend deux divisions principales : recettes, dépenses. Notre budget des recettes n'aura que deux chapitres: recettes ordinaires, recettes extraordinaires.

« Le chapitre 1er contiendra exclusivement le produit des cotisations ; dans le chapitre II, nous espérons pouvoir inscrire les allocations du ministère de l'instruction publique, celles du conseil municipal, et quelques dons volontaires, qui de temps à autre viendront augmenter nos modestes ressources. Les membres de notre Société, qui font en même temps partie du conseil municipal, seront pour elle, près de cette assemblée, de chaleureux interprètes de nos besoins, et je ne doute pas que l'année prochaine nous ne recevions de ce côté un large et généreux encouragement.

« Messieurs, si notre budget des dépenses, avec ses cinq chapitres seulement, ressemble fort à ceux du roi d'Yvetot, nous ne pouvons malheureusement pas dire que celui des recettes soit un budget de l'âge d'or. Les cotisations de 80 membres inscrits ne forment qu'une somme de 400 fr., et le bureau n'a pu asseoir le chiffre des dépenses que sur cette recette certaine.

« Le chapitre 1er est relatif aux frais d'administration, qui comprennent : les impressions de circulaires et de lettres de convocation, leur affranchissement; l'achat des registres nécessaires à la comptabilité, et autres petites dépenses dont le détail nous entraînerait trop loin, mais dont il sera rendu chaque année un compte détaillé. C'est dans ce chapitre que viendront se ranger, plus tard, les dépenses relatives à un local, lorsque la généreuse hospitalité que nous offre jus-

qu'à présent notre secrétaire, M. Launay, ne sera plus suffisante pour abriter convenablement nos collections.

« A ce premier chapitre il a été alloué une somme de
100 fr.

« Le chapitre II est intitulé: *Achat et entretien des collections d'archéologie et d'histoire naturelle.* Ce titre explique
de lui-même la nature des dépenses qu'il comporte. Après
les premiers frais d'installation, nécessités par les quelques
objets que la Société possède déjà, on procédera à l'achat
de ceux intéressant soit l'archéologie, soit l'histoire naturelle
de notre pays, dans la mesure de nos ressources, qui, pour
ce chapitre, ne s'élèveront cette année qu'à la somme de
100 fr.

« Chapitre III. *Fouilles et recherches archéologiques et
d'histoire naturelle.* Ce chapitre est bien vaste et pourrait
engloutir, à lui seul, des sommes énormes ; pour cette année,
il se contentera de dévorer 100 fr., pas plus. Mais, grâce au
zèle et à l'intelligence des membres de la commission des
fouilles, il y a tout lieu d'espérer que cette minime allocation
sera néanmoins fructueuse ; les meilleures trouvailles n'é-
tant pas nécessairement le fruit des grandes dépenses;
l'esprit de recherche et d'investigation n'étant pas toujours
le compagnon des gros écus.

« Je n'ai rien à vous dire, Messieurs, du chapitre IV:
Dépenses imprévues ; pour lequel le bureau a fixé une somme
de 50 f. Si vous pensiez apercevoir là un peu d'imprévoyance,
je vous répondrais que, n'ayant plus à disposer que d'une
somme de 100 fr , et ayant encore à doter un cinquième
chapitre, il fallait bien partager cette somme en deux parties égales, l'une pour les dépenses imprévues, l'autre pour
le *Fonds de réserve.*

« Ce cinquième et dernier chapitre que je viens de vous
nommer, est destiné à se grossir chaque année des recettes
imprévues et du reliquat des allocations des autres chapitres
du budget qui n'auraient pas été entièrement épuisées. A
son tour, il viendra en aide à celui de ces chapitres qui pourrait avoir besoin de son secours, pour effectuer l'achat d'un
objet important dont le prix dépasserait les ressources
ordinaires.

« Je me résume :

Budget des recettes.

« Chapitre Ier. Recettes prévues, 400 fr. . . . . 400 fr.
« Chap. II. Recettes imprévues, mémoire. . . . .   »

Budget des dépenses.

« Chap. Ier. Frais d'administration. . . . . 100 fr.
« Chap. II. Achat et entretien des collections. . 100
« Chap. III. Fouilles et recherches archéologiques
et d'histoire naturelle. 100
« Chap. IV. Dépenses imprévues. 50
« Chap. V. Fonds de réserve. 50

Total égal à la recette. . . . . 400 fr.

« Tel est, Messieurs, le projet de budget que vous propose le Bureau provisoire et que M. le président va vous prier de voter, après discussion, soit par chapitre, soit dans son ensemble.

« Le trésorier provisoire a l'honneur de vous proposer la résolution suivante : Il sera délivré à chaque membre de la Société, moyennant la somme d'un franc, avec un exemplaire de notre règlement, un diplôme portant le nom du titulaire, la date de son admission dans la Société ; le tout revêtu de la signature du président, du secrétaire et du trésorier. »

Le président met aux voix le projet de budget tel qu'il vient d'être présenté. Il est adopté par l'assemblée.

M. le président prie ensuite le conservateur-archiviste de faire la description des objets offerts à la Société :

« Messieurs,

« La Société a déjà reçu un certain nombre d'objets, qui ont été exposés provisoirement dans une chambre que M. Launay, notre zélé secrétaire, a bien voulu offrir pour servir de berceau au musée naissant ; en voici la liste :

« 1. Pilum ou fer de lance de l'infanterie romaine, trouvé dans des fouilles, près du pont St-Michel, et dans un assez bon état de conservation.

« 2. Lampe en terre, trouvée dans un tombeau gallo-romain, aux Caveaux du tertre d'Huchepie, près Courtiras. On y découvrit en même temps un sabre à lame très-large et des haches celtiques en pierre, qu'il serait bien désirable de voir entrer dans notre collection.

« 3. Fragment du tombeau de Pierre Ier, quinzième comte de Vendôme, mort en 1249, dans un voyage d'outre mer, en accompagnant le roi saint Louis. Son corps fut rapporté à Vendôme et déposé dans un monument placé dans le chœur de la collégiale St-Georges.

« 4. Trois fragments en albâtre, représentant : le baptême de N. Seigneur J.-Christ, la crucifixion, la résurrection. Ces trois fragments, d'une belle exécution, faisaient partie d'un retable du XIVe siècle, appartenant à la collégiale St-Georges.

» 5. Statue en bois sculpté, peint et doré, d'une Vierge portant sur le bras droit l'enfant Jésus, qui lui même tient la boule dans sa main. Cette statue, haute de 0^m, 95, et d'une assez bonne conservation, provient de l'église de Coulommiers.

« 6. Dais en pierre, artistement fouillé, provenant du grand portail occidental de St-Martin, élevé par Marie de Luxembourg, dans le XVe siècle.

« 7. Couronnement du tombeau de François de Bourbon, vingt-quatrième comte de Vendôme, mort en 1495, à l'âge de 25 ans, et de Marie de Luxembourg, son épouse, morte en 1546.

« Ce magnifique tombeau, dont malheureusement il nous reste fort peu de choses, fut élevé par Marie de Luxembourg, après la mort de son époux. La description qu'on en trouve dans différents mémoires du temps, montre que c'était une œuvre des plus remarquables et digne de figurer à St-Denis, auprès du tombeau des rois.

« Le fragment qui se trouve entre nos mains, haut de 0^m,80 sur autant de large, et représentant deux anges soutenant l'écusson casqué de François de Bourbon, donne une idée des proportions grandioses du monument.

« 8. Pierre tombale gravée du XVIe siècle, sortant de l'église de la Madeleine.

« 9. Deux pierres tombales de Jean Le Bloy et de Le Bloy, provenant de l'église St-Martin de Vendôme. Elles étaient placées dans l'une des chapelles.

« 10. Statuette, dite Vénus, en argile blanche, de l'époque gallo-romaine.

« Tous ces objets, très-intéressants pour le Vendomois, ont été offerts par M. Queyroy, dont le goût éclairé pour les antiquités est bien connu ici, et dont l'absence est très-regrettable pour notre Société, qui eût trouvé en lui un conservateur aussi intelligent que zélé. Heureusement que, pendant les visites trop courtes qu'il fait à sa ville natale, nous pouvons compter sur son actif concours pour organiser cette collection, dont il est le premier donateur et le plus important jusqu'ici.

« 11. Les crânes de Maillé Bénehart, gouverneur de Vendôme en 1589, et de Robert Chessé, gardien des Cordeliers.

« Lors de la prise de Vendôme par Henri IV, en 1589, Maillé Bénehart, gouverneur de la ville, voulant faire une résistance inutile, fut pris dans sa maison et décapité.

« Robert Chessé, qui, pendant le même temps, encourageait en chaire les habitants à se défendre, fut saisi par les soldats et mis à mort.

« Leurs deux têtes furent placées dans l'intérieur de l'église St-Martin, à droite et à gauche de la grande porte d'entrée. Elles y restèrent jusqu'à l'époque peu éloignée de nous, où l'on construisit un plancher dans la grande nef.

« Ces crânes nous ont été remis par M. le curé de la Trinité.

« 12. Plans, coupes et élévations de l'ancienne église St-Martin, et plusieurs dessins de cette même église. — Ces plans et dessins, aussi remarquables par leur exactitude que par leur belle exécution, sont l'œuvre de M. Launay, qui veut bien en enrichir notre collection. Tout le monde comprend qu'en dehors de leur mérite artistique, ils ont acquis une grande valeur historique, depuis que le monument qu'ils représentent a été sacrifié et est passé à l'état de souvenir.

« 13. Calendrier républicain, renfermé dans deux cadres, indiquant les différentes divisions du temps, avec les noms de fleurs, animaux, ustensiles, substitués aux noms des saints.

« 14. Fragments de mosaïque trouvés aux environs d'Oigny, canton de Mondoubleau, dans un champ renfermant encore les fondations de nombreuses constructions gallo-romaines.

« 15. Fragments d'armures et agrafes de baudriers, trouvés dans des tombes aux environs de Vendôme.

« 16. Une urne cinéraire, provenant des fouilles intérieures de l'église St-Martin; haute de 0^m,12, percée de deux trous, elle renfermait encore des résidus de charbon.

« Tous ces divers objets sont offerts par M. Launay.

« 17. Une hache celtique et un petit couteau dont la lame est gravée avec inscription. Don de M. Hême, de Thoré.

« 18. Différentes médailles et monnaies romaines, dont plusieurs fort curieuses. Don de M. Roger-Jourdain.

« 19. Deux médailles romaines, Claude et Adrien, trouvées dans les fouilles faites auprès du mur d'enceinte de Vendôme, dans les environs de la rue Basse. Don de M. de Brunier.

« 20. Une médaille de Mesmer, de 0^m,045 de diamètre, donnée par Mme Leleu, et trois médailles de Charles X, dont une de grand module, une médaille de Louis XVIII et une du duc d'Angoulême, données par Mme Bache.

« En objets d'histoire naturelle, nous avons reçu :

« 1. Une collection de minéraux, offerte par M. Marganne, architecte.

« 2. Une collection d'oiseaux empaillés, appartenant aux espèces du pays. Don de M. Paul Jourdain.

« Tels sont, Messieurs, les divers objets réunis jusqu'à ce jour et dans un bien petit laps de temps. Il y a lieu d'espérer que, grâce au concours dévoué de chacun de nous, notre petit musée prendra de l'extension, et pourra quelque jour figurer parmi les collections intéressantes de province. »

M. Neilz, propriétaire-cultivateur à Courtiras, qui depuis longtemps s'occupe de recherches archéologiques dans le Vendomois, et notamment dans la commune de Naveil, lit un rapport sur les différentes fouilles qui ont eu lieu dans cette commune, au lieu appelé *Tourteline*, et auxquelles il a assisté. Nous prenons dans son rapport tout ce qui a trait aux découvertes souterraines.

« Les fouilles qui s'opèrent pour livrer le sol à la culture ont plusieurs fois mis à découvert l'aire de grandes salles, des pavages intérieurs et extérieurs d'habitations, de petits aqueducs servant à l'écoulement des eaux pluviales. Les eaux des toits arrivaient à ces aqueducs au moyen de con-

duits en terre cuite de forme carrée, et placés au centre de
la maçonnerie des piliers extérieurs de l'édifice (comme on
a pu le constater dans des démolitions de piliers faites en
1855). Le carrelage de ces vastes habitations est composé
de silex noyé dans du mortier (ou béton) assis sur un
fond caillouté de peu d'épaisseur, revêtu d'une couche de
ciment poli.

« On peut dire enfin que, sur une étendue de cinq hec-
tares qui ont été fouillés, le sol est jonché de pierres
enduites de ciment, de fragments de tuiles, de briques à rebords, de jaspe, de marbres de toutes couleurs, de débris
de poterie fine ornées de figurines en relief, de moulures
en ciment recouvertes de peinture. Chaque jour ces débris
sont employés à la réparation des chemins.

« A quelques pas de là, en se rapprochant de la rivière,
au point où a été construit le pont conduisant à Prépatour,
des travaux de terrassement faits en 1836 ont mis à découvert six fours bâtis en brique adossés, deux à deux, ayant
leur ouverture circulaire comme les nôtres.

« Cette construction, un peu endommagée par l'action du
temps, se trouvait recouverte d'un amas de sable qui for-
mait monticule en cet endroit. Près de là, trois voies anciennes venaient aboutir, de chaque côté du Loir, à un point
qui porte encore aujourd'hui le nom de Gué de *Villa*.

« Les nombreuses fondations que les fouilles ont fait apparaître, ainsi que les fours dont nous venons de parler, ne
sont pas les seules preuves matérielles de l'existence, dans
cette circonscription, d'un centre de population assez étendu,
nous les trouvons encore dans cette quantité de tombeaux
en pierre, rangés symétriquement, et que la pioche ou la
charrue ont mis à découvert dans la commune de Naveil.

« D'après le témoignage des anciens du pays, une partie
des ruines des habitations de Tourteline s'élevaient encore, à
la fin du siècle dernier, à une certaine hauteur au-dessus du
sol. Des pans de murailles et des piliers, en partie recouverts de lierre, présentaient au loin l'aspect de tours, d'où
pourrait peut-être venir le nom de *Tourteline*. »

Cette partie du rapport a excité l'intérêt de l'assemblée,
et nous fait espérer que de nouvelles fouilles, surveillées
avec soin, pourront amener des découvertes propres à éclaircir ce point intéressant de notre histoire locale.

Le président engage ensuite MM. les sociétaires à procéder à l'élection du Bureau définitif.

Un membre prend la parole et dit « que le Bureau provisoire, composé de tous ceux qui ont eu l'heureuse idée de fonder la société et de l'organiser, est, par conséquent, plus apte que qui que ce soit à diriger et à mener à bonne fin l'œuvre commencée. Il croit qu'il y aurait de l'inconvénient à remplacer ce Bureau; que, d'ailleurs, il est difficile de procéder à une élection pour chacun des membres en particulier; qu'il n'y a, selon lui, qu'une seule espèce de vote à émettre, sur la conservation ou sur le remplacement de tout le Bureau. Il propose donc à la réunion de voter par acclamation la conservation du Bureau tel qu'il est composé. »

Un autre membre appuie la proposition.

L'assemblée se lève instantanément, et donne, à l'unanimité, sa pleine adhésion aux paroles qui viennent d'être prononcées.

Le Bureau provisoire de la Société archéologique du Vendomois est ainsi proclamé définitif pour l'année 1862.

Vendôme. Impr. et Lith. Lemercier.

SOCIÉTÉ ARCHÉOLOGIQUE
DU VENDOMOIS

(N° 2.)

RÉUNION DU 10 AVRIL 1862

2ᵉ Édition de ce numéro, revue et corrigée.

Septembre 1864.

La Société Archéologique du Vendômois s'est réunie le 10 de ce mois, à une heure, dans la grande salle de l'Hôtel-de-Ville, sous la présidence de M. de Déservillers.

Etaient présents :

MM. de Déservillers, vice-président ; Launay, secrétaire ; Ch. Chautard, sacrétaire adjoint ; G. Boutrais, trésorier ; Nouel, conservateur ; l'abbé Bourgogne, H. de Brunier, P. Rolland, *membres du Bureau* ;

Et MM. Beaumetz, Bruland, Chautard Emile, Chautard Marcel, Duriez Jules, Filly, Gendron Octave, l'abbé Girard, Hême Charles, Jourdain Paul, de La Haulière, de Lavau père, de Lavau Adrien, de Lavau Charles, Lecerf, Lehoux Octave, Mareschal-Duplessis, Martellière-Bourgogne, de Massol, de Ménibus, Neilz, l'abbé Roulet.

Plusieurs membres ont exprimé au Bureau leur regret de ne pouvoir assister à la réunion.

M. le président a ouvert la séance par le discours suivant :

« Messieurs,

« M. Renou, votre président, en ouvrant la première séance de la Société archéologique et scientifique du Vendômois, vous a présenté le tableau de l'organisation scientifique de la France, et vous a démontré, avec l'autorité qui s'attache à sa parole en pareille matière, comment vos efforts et votre bonne volonté s'unissent à l'ensemble d'activité scientifique de notre époque. C'était signaler le but à la fois le plus noble et le plus vaste de la fondation de la Société Archéologique du Vendômois. Permettez-moi, en ouvrant votre seconde séance, de vous dire aujourd'hui quelques mots sur l'importance locale de notre Société, et de me faire ainsi l'interprète et de ceux qui ont eu la première idée de sa fondation, et de vous tous, Messieurs, qui vous y êtes associés avec un si louable empressement.

« La pensée de réunir au centre du pays, dans un seul faisceau, tous les renseignements historiques et archéologiques qui l'intéressent, est si naturelle, qu'on se demande comment on a attendu si longtemps avant de lui donner une solution pratique. Le Vendômois est un des pays de France les plus riches en souvenirs, depuis Bouchard le Vieux, l'ami et le conseil de Hugues-Capet, c'est-à-dire pendant près de huit siècles. Il a eu ses souverains propres, son existence à lui : j'allais presque dire son autonomie. Ce long et glorieux passé, si intéressant pour l'histoire, doit l'être d'une manière toute particulière pour les Vendômois, successeurs directs de ces nombreuses générations.

« Rattacher, par l'intérêt qu'il nous inspire, le passé au présent ; rétablir la solidarité des temps ; rompre l'isolement de notre époque, plus triste encore peut-être que l'isolement des individus ; réunir dans une pensée commune tous les hommes qui s'intéressent à l'histoire de leur pays, chez qui les monuments et les débris du passé excitent un double sentiment de curiosité et de sympathie, telles sont les idées fondamentales de la Société archéologique et scientifique du Vendômois.

« Vous le voyez, Messieurs, c'est un appel fait à tous les hommes de bonne volonté de se réunir sur un terrain essentiellement patriotique, sur lequel il ne peut se rencontrer qu'une mutuelle bienveillance, et qu'une seule pensée, celle d'éclairer le passé du pays. Chacun peut y concourir, et il n'est pas nécessaire pour cela d'être un savant. Les vrais savants sont rares, et peu de sociétés scientifiques pourraient exister si elles ne devaient être composées que de savants. C'est bien mieux : ceux qui le sont réellement repoussent avec une modestie sincère cette dénomination. Et pourquoi cela ? C'est que la science, et surtout la science de l'histoire, est un édifice toujours en construction, qui n'a jamais été couronné par personne, et auquel chacun peut apporter sa petite pierre. On peut donc être un membre utile et actif d'une société scientifique, et servir la science, sans être condamné à connaître le programme de Pic de La Mirandole. L'éclaircissement d'un fait ; un renseignement

intéressant l'histoire d'un point quelconque du pays ; une
médaille, une monnaie, un débris des vieux temps recueillis
dans une fouille ; l'attention même et l'intérêt populaire at-
tirés sur tout ce qui est ancien : tout cela sont des services
sérieux rendus à la science. Une société scientifique n'est
donc, comme la science elle-même, envisagée à son point de
vue progressif, que l'association de tous les travaux, de tous
les efforts, de toutes les bonnes volontés.

« Quelles ressources eût trouvées dans les documents réunis par une société archéologique l'historien du Vendômois,
M. de Pétigny, si l'existence de notre Société eût déjà daté
de quelques années, lorsqu'il se livrait avec tant d'ardeur à
ses consciencieuses recherches ! Ce véritable savant, qui
semble n'avoir adopté ce pays-ci que pour jeter sur lui le
double reflet de sa réputation comme écrivain et comme
érudit, en même temps qu'il aurait certainement honoré de
son adhésion la Société archéologique et scientifique du
Vendômois, eût apprécié mieux que tout autre son utilité.
Je ne sais si je me trompe , mais ce qui me paraît être ef-
frayant quand on commence une grande tâche comme celle
de M. de Pétigny, c'est l'isolement ; c'est la pensée de se
trouver seul, en présence de tout un passé, au milieu d'un
présent indifférent. Mais si notre Société a le regret de n'a-
voir pas été formée quand M. de Pétigny étudiait l'histoire
du Vendômois, elle a aussi la consolation de lui avoir, pour
ainsi dire, apporté son concours anticipé dans la personne
de son secrétaire actuel, qui a si utilement contribué à son
œuvre.

« Si l'association des volontés sur un même but produit
d'excellents résultats, le contact des intelligences a aussi de
merveilleux effets : il fait naître l'émulation, et fait jaillir
l'étincelle qui enfante le talent. L'approbation stimule et
enhardit l'homme qui, isolé, serait resté dans le repos de
son impuissance. Vous connaissez ce quatrain de notre
Ronsard, à qui on reprochait avec une amertume mélangée
de quelque ironie de ne pas terminer la *Franciade :*

> Si le roi Charles eust vescu,
> J'eusse achevé ce long ouvrage;
> Sitost que la mort l'eust vaincu,
> Sa mort me vainquit le courage.

Peut-être son courage n'eût-il pas été vaincu, si une société
littéraire ou scientifique eût existé à Vendôme. Après la
mort de son royal protecteur et ami, au lieu de se retirer
triste et solitaire dans son château de la Poissonnière, il fût

venu à Vendôme chercher des consolations et des encouragements, et l'admiration de ses concitoyens eût fait achever sa *Franciade*.

« Vous voyez maintenant, Messieurs, le double but de la formation de notre Société : réunir tous les documents qui intéressent le pays, dans son histoire, dans sa géologie, dans son histoire naturelle; former, en un mot, une collection des débris du passé et de tout ce qui intéresse la science : offrir en même temps un centre où tous les essais, toutes les recherches, tous les talents doivent rencontrer un sympathique accueil. Voilà notre tâche.

« Quant à l'esprit de notre Société, ce qui le définit mieux que tout ce que je pourrais vous dire, c'est de voir votre vice-président assis sur ce fauteuil à la place d'un véritable savant; cela prouve tout à la fois que rien n'est impossible à la bonne volonté, et qu'on doit beaucoup compter sur votre bienveillance. »

La réunion a témoigné, par ses applaudissements unanimes, qu'elle s'associait aux pensées que M. le président a si bien exprimées.

M. le secrétaire fait connaître les noms des personnes qui, depuis la séance du mois de janvier, ont envoyé leurs adhésions et ont été reçus par le Bureau membres de la Société; ce sont :

MM. Merlet, archiviste, d'Eure-et-Loir; de Lavau Gaston, à Moncé; Baillet, professeur au Lycée; de Gouvello, au château du Plessis; Desvaux, maire de Beauchêne; de Salvert, au château de La Fredonnière; de La Barre, id.; Busson Charles, artiste à Paris; de Sallabery; Galdin, médecin; le vicomte de Larochefoucauld; Rolland, négociant à Paris; Buffereau, capitaine d'infanterie de marine; de Massol.

Le Bureau, qui n'était pas en nombre lors de sa dernière séance, n'a pu prononcer sur plusieurs autres demandes d'admission.

M. le secrétaire donne communication d'une lettre de M. le Ministre de l'instruction publique, adressée au président de la Société Archéologique du Vendômois, dans laquelle S. Exc. demande les renseignements nécessaires pour classer la Société au nombre de celles qui sont reconnues.

Le secrétaire donne encore communication d'une lettre d'invitation à assister au congrès des sociétés savantes, qui se réunira à Paris le 22 avril prochain. La Société désigne pour la représenter à cette réunion : MM. Renou, président; Launay, secrétaire; Achille Lacroix et Gaston de Lavau.

· M. le secrétaire dit que, dans la séance du 24 avril, une médaille d'or devant être offerte par le congrès à M. de Caumont, président des congrès scientifiques et de la Société archéologique de France, le Bureau a voté une somme de dix francs pour sa souscription à cette médaille. Notre Société recevra une médaille de bronze commémorative.

M. le président donne la parole à M. le conservateur pour faire connaître, dans une description sommaire, les objets offerts à la Société dans le dernier trimestre.

DESCRIPTION SOMMAIRE DES OBJETS OFFERTS A LA SOCIÉTÉ, DEPUIS LA DERNIÈRE RÉUNION DU 9 JANVIER JUSQU'A CELLE DU 10 AVRIL 1862.

Messieurs,

Depuis notre dernière réunion de janvier il a été fait hommage à la Société d'un certain nombre d'objets intéressants dont voici la description sommaire :

1. Charmante statuette en bois, de 0^m,115 de hauteur, provenant de la Collégiale Saint-Georges.

2. Restes d'ornements ayant entouré une chappe d'église. Même provenance.

3. Marteau en fer présentant à une de ses extrémités, en relief, une fleur de lis entourée de ces mots : *Généralité d'Orléans.*

Ces trois objets ont été trouvés en déblayant le puits du Château, chez M. Imbault.

4. Ornement en albâtre faisant partie du couronnement du tombeau de Marie de Luxembourg, dont nous possédons déjà un fragment important donné par M. Queyroy, et mentionné lors de notre dernière réunion.

Ces divers objets sont offerts par M. Imbault.

5. Statuette en bronze doré, d'une hauteur de 0^m,10, provenant de la Collégiale Saint-Georges. Don de M. Lemort.

6. Fragments des statues de Catherine comtesse de Vendôme (1374-1412) et de Jean de Bourbon, son époux, placées autrefois sur leurs tombeaux respectifs, dans la Collégiale Saint-Georges de Vendôme.

Ces statues, enlevées à l'époque de la Révolution, lors du pillage des tombeaux, ont été placées plus tard, en évidence, dans deux tours du Château, d'où elles ont été enlevées pour éviter leur destruction complète, et transportées dans les cloîtres de la Trinité.

Offerts par M. le curé de la Trinité.

7. Une petite clef trouvée dans l'intérieur des caves du Breuil, près Thoré.

Don de M. de Déservillers.

8. Un petit sujet en bronze doré, de 3 centimètres de longueur, représentant un animal fantastique offrant beaucoup de ressemblance avec un chien. La dorure est encore parfaitement conservée sur plusieurs points.

Cet objet curieux a été trouvé à la ferme de la Carmenterie, commune de Villeromain. Il est offert par M. Leroy, instituteur de cette commune.

9. Deux statuettes en bronze, une hachette et deux bracelets de même métal. — Envoyés par M. Queyroy.

10. Deux meules gallo-romaines du poids de 20 kilogr. chacune, provenant de fouilles pratiquées à Artins par M. l'abbé Bourgeois, qui en a fait don à la Société.

Rappelons, à cette occasion, que M. l'abbé Bourgeois, archéologue et surtout géologue distingué, quoique retenu loin de Vendôme par ses fonctions de professeur à l'École de Pont-Levoy, est toujours resté attaché de cœur à son pays natal, et est un des premiers qui ait encouragé de son adhésion notre Société naissante.

Nous avons reçu plusieurs médailles dont voici la liste :

1. Différentes monnaies françaises, dont une en argent trouvée à Cunailles, près Rochambeau. — Offertes par M. Achille Lacroix.

2. Une monnaie brésilienne en argent. — Donnée par M. Baillet.

3. Une médaille en bronze de Charles X, à la mémoire des victimes de Quiberon; une autre du duc de Berry ; une troisième de Henri IV et de Louis XVIII, à l'occasion de l'érection de la statue du Pont Neuf; enfin deux monnerons.

Le tout donné par M. Buffereau.

4. Une médaille romaine d'Adrien, en argent, petit module, trouvée à Pezou, et offerte par M. Gentil (de Pezou).

5. Une médaille en bronze de Constantin, parfaitement conservée, trouvée auprès de l'Aumône, commune de Villeromain. — Don de M. Tremblay, curé de Villeromain.

6. Cinquante-deux pièces de monnaies anciennes, qui ont été soumises à l'examen de M. Bouchet, qui a bien voulu me remettre à leur sujet la note suivante :

« 32 monnaies impériales romaines en bronze, de divers modules, depuis Claude Ier jusqu'à Constantin ;

« 12 monnaies ou jetons français ;

« 1 poids aux armes d'Espagne ;

« 7 pièces entièrement frustes.

« En tout 52 pièces offertes par M. de Lavau, propriétaire du château de Meslay, et trouvées la plupart dans cette localité.

« Parmi ces pièces, nous avons remarqué une tête d'Antonin qui se recommande par son relief et la beauté de la patine ;

« Une autre du même, faisant allusion sans doute à l'une des plus belles institutions de ce prince. Il avait fondé, en effet, un établissement pour l'éducation des jeunes filles pauvres. Le revers de notre médaille représente une femme qui symbolise *la piété et la charité* de l'empereur ; elle tient dans ses bras un enfant, tandis que deux autres sont à ses pieds. En légende on lit : *Pietati Augusti. Cos. IIII.* »

En objets d'histoire naturelle on nous a remis :

1. Plusieurs minéraux, parmi lesquels un fragment de cristal de roche. — Don de M. A. Lacroix.

2. Trois fossiles du terrain crétacé de Mondoubleau. — Don de M. Dehargne.

3. Un nodule de pyrite de fer. — Donné par M. Baillet.

4. Un fragment de bois altéré par un long séjour dans l'eau. Provenance inconnue. Il pourrait se rapporter à un dépôt de lignites. — Donné par M. Baillet.

5. Belle géode en silex, de 25 cent. de longueur sur 20 c. de largeur. C'était une masse ovoïde creuse qui a été brisée par la moitié, et dont la surface intérieure se montre tapissée de petits cristaux de quartz. — Cet échantillon a été trouvé près la promenade du Grand-Mail à Mondoubleau. Il est offert par M. Simon, boulanger à Mondoubleau.

6. Deux masses de chara, incrustées de calcaire, et provenant de la fontaine de la Hubaudière, commune de Sasnières. Cette fontaine est très-remarquable comme fontaine incrustante. — Ces deux échantillons sont donnés par M. Galdin.

Enfin nos archives se sont enrichies de plusieurs dons intéressants.

M. Mareschal-Duplessis nous a offert les trois pièces suivantes :

1. Un ouvrage intitulé : « Paléographie des classiques latins. Contenant des fac-simile des manuscrits de la Bibliothèque Royale depuis le iv° siècle jusqu'au xv° inclusivement. Accompagnés de notices historiques et descriptives par M. A. Champollion. » — Petit in-folio. Paris 1837. — Magnifique ouvrage.

2. « L'Art d'écrire. » Modèles des quatorze principaux maîtres d'écriture de Paris, en l'an IX.

3. Une lettre d'invitation, in-folio, pour le convoy et Enterrement de Dame Olivier V°° Cadot, décédée dans le Bourgneuf à Vendôme, en 1738.

Nous devons à M. Buffereau huit pièces sur parchemin et deux sur papier.

M. Bouchet a bien voulu les examiner, et il nous a remis la notice suivante :

1. Louis, duc de Vendôme... etc., nomme et présente à Sa Majesté messire François Olivier, Conseiller aux grands jours du duché de Vendômois pour remplir l'office d'assesseur du prévôt des maréchaux de Vendômois.
Donné à Fontainebleau le 7° juin 1666.
Signé Louis de Vendosme.
Pièce originale sur parchemin. Scel perdu.

2. Philippes *(sic)*, prince de Vendôme..., abbé cardinal de la Très Sainte Trinité de Vendôme, pourvoit par ces présentes François Lecomte, ancien assesseur de la maréchaussée de Vendôme, de l'office de procureur fiscal de l'abbaye de cette ville et membres en dépendant, en remplacement du sieur Jabre, dernier titulaire.
Donné à Paris, en notre hôtel, le 12° mai 1723.
Signé Philippes de Vendosmes.

Lettres de provisions. Original sur parchemin. Scel en placard, en cire rouge, sur papier. Armes de France, au bâton de gueules péri en bande, chargé de trois lionceaux d'argent. Couronne de prince du sang (de fleurs de lis). Supports, deux anges, comme pour les armes de France.

3. Louis Jacques de Chapt de Rastignac..., archevêque de Tours, abbé cardinal de la Très Sainte Trinité de Vendôme, confirme les lettres de provisions accordées par son

prédécesseur, Philippe de Vendôme, à François Lecomte, et le continue dans la charge de procureur fiscal de la justice de l'abbaye et de la châtellenie de Lisle, en dépendant, pour jouir de ladite charge aux mêmes honneurs, droits, privilèges, etc., que ses prédécesseurs, « fors les gages qui « auoient accoutumez d'estre payez que nous supprimons, « et ce pour tant et si long temps qu'il nous plaira, à la « charge par le d. Sʳ Lecomte de conserver nos droits en « son pouvoir. »

Donné à Vendôme, en notre palais abbatial..., l'an de N S. 1727. 18 octobre.

Signé † Louis Jacques *(sic)*, archevêque de Tours, abbé-cardinal de la Sainte Trinité de Vendôme.

Original sur parchemin. Scel en cire rouge appliqué sur le parchemin même, portant d'azur au lion d'argent, couronné de... couronne de duc; chapeau de cardinal à cinq houppes; croix archiépiscopale. — L'écu est de forme ovale, entouré d'un cartouche.

M. le conservateur ajoute que le local si obligeamment offert par M. le secrétaire, lors de la fondation de la Société devenant déjà insuffisant, il convient que le bureau s'occupe d'en choisir un nouveau. Un membre exprime le désir que les séances de la Société se tiennent dans une salle contiguë au musée, afin que les membres puissent plus facilement visiter les collections et connaître les dons nouvellement offerts (*).

M. le secrétaire a la parole pour le compte-rendu d'une excursion à Pezou :

Messieurs,

La commission composée de MM. de Deservillers, de Brunier et Launay, nommée par le bureau de la Société archéologique, dans sa séance du 7 mars dernier, s'est rendue à Pezou le 17 mars 1862 (par un assez mauvais temps).

Assistée de M. le curé de Pezou, qui semble animé des meilleures dispositions pour la Société, elle s'est dirigée, après avoir traversé le Loir sur le pont de Pezou, vers un champ situé au pied du coteau, à droite du chemin qui conduit de Pezou à Renay. Elle a trouvé ce champ littéralement couvert de débris de briques romaines de toutes les dimensions.

(*) A l'issue de la séance, le Bureau a nommé une commission de trois membres, chargés de chercher un local pour l'installation du Musée archéologique.

La commission est convaincue que ce champ a dû être l'emplacement de constructions très-importantes, dépendant de l'antique bourgade *gallo-romaine* du nom de *Belfogium* ou *Beaufou*. Elle pense que des fouilles pratiquées en cet endroit conduiraient infailliblement à des découvertes intéressantes ; ces fouilles ne pourraient être faites qu'après la récolte, ce champ étant nouvellement ensemencé.

Sur l'indication de M. de Brunier, la commission s'est transportée à l'extrémité de la prairie qui fait suite au champ ci-dessus désigné, en revenant vers le Loir ; là elle a constaté les traces d'une enceinte carrée de 40 mètres de côté et de 2 mètres de large, formant une légère saillie sur le sol de la prairie, à l'exception d'un espace de plusieurs mètres, dans le milieu d'un des côtés du carré, qui semblerait être l'entrée de cette enceinte.

Il y aurait peut-être lieu de faire en travers une coupe sur l'un des côtés du carré et dans l'intérieur, pour s'assurer de la destination de cet emplacement.

La commission, revenant ensuite sur ses pas, a constaté l'entrée d'une cave voûtée, portant dans le pays le nom de la *Cave au Diable*, à l'angle de la route de Pezou à Renay. Cette cave, dont l'entrée est obstruée, se trouve actuellement sous la route. Il sera facile d'y pénétrer ; ce que nous n'avons pas essayé de faire en raison du mauvais temps ; mais nous serons d'autant plus disposé à le tenter prochainement qu'au dire de plusieurs habitants du pays on y trouve encore des fragments de mosaïque.

A ce point, la route se bifurque et va d'un côté à Renay et à Chicheray, et de l'autre vers Lignières ; c'est en prenant cette dernière que nous avons trouvé à gauche et à droite du chemin deux fontaines très-abondantes, dont la première se dirigeait vers un petit aqueduc, actuellement couvert par la route, à peu près dans la direction du champ couvert de briques dont nous avons parlé. Il est probable que les eaux de cette fontaine étaient amenées par cet aqueduc, pour servir aux besoins des habitations placées dans cet endroit. Peut-être y aurait-il lieu de croire à l'existence de bains romains, c'est une supposition que les fouilles que nous devons exécuter pourront éclaircir.

En repassant le Loir sur le pont, on nous a signalé un champ dans lequel plusieurs cercueils en pierre ont été mis à jour. Dans l'un d'eux on a trouvé un anneau et un glaive avec sa poignée ; la lame était rongée par la rouille.

Près de là, en faisant les fondations d'une construction, on a découvert une quantité assez considérable de squelettes

placés pêle-mêle les uns sur les autres et dans un espace
assez circonscrit. On pourrait peut-être conclure de cette
découverte qu'après la bataille de Fréteval, livrée non loin
de là, entre les Français et les Anglais, une certaine quantité de cadavres auront été apportés dans cet endroit, que
tout fait supposer avoir été un ancien cimetière, et enterrés
sans soin dans une fosse commune. M. le curé de Pezou, de
qui nous tenons ces détails, les a fait transporter dans le
cimetière actuel.

Un propriétaire de Pezou, M. Gentil, a fait hommage à
la Société d'une petite médaille en argent de l'empereur
Adrien. Son jardin, dont une partie seulement a été fouillée,
a mis à jour une foule d'objets curieux, tels que lampes en
terre, vases romains, armes, médailles, briques à rebords
intacts, etc. La plupart de ces objets ont été remis à M. de
Malartic.

M. Gentil nous a très-obligeamment offert de mettre la
partie non explorée de son jardin à notre disposition, à partir du mois de mai, pour y pratiquer des fouilles. Elles devront, nous n'en doutons pas, amener un résultat satisfaisant,
à en juger par ce qui a déjà été trouvé.

En résumé, Messieurs, le sol de Pezou, dans un rayon
assez étendu, est une mine à exploiter; la commission vous
propose de profiter de son peu d'éloignement de Vendôme
et du bon vouloir du propriétaire, pour nous livrer à des
recherches dont, tout porte à le croire, nous serons ample-
ment dédommagés.

M. Achille Lacroix, absent de Vendôme, a communiqué
au bureau un travail dont M. le secrétaire-adjoint donne
lecture. Quelques extraits feront connaître la pensée de
M. Achille Lacroix et le but qu'il propose à la Société :

PROJET D'UNE BIOGRAPHIE VENDOMOISE.

Messieurs,

Avant de commencer la série de ces notices biographiques, il ne sera pas inutile, ce me semble, d'envisager ce
travail sous un point de vue un peu général, de dire ce qui
est à faire, et ce qu'avec votre aide nous ferons, je n'en
doute pas.

Quels sont donc ces hommes que l'historien choisit dans
la foule de ceux qui ont vécu dans les mêmes murs que lui,
ou qu'une humeur aventureuse a de bonne heure emportés
loin du berceau de leurs premières années ? D'où vient qu'il

va remuer la cendre de ces morts qui, parfois ignorés de leurs concitoyens, se sont souvent ignorés eux-mêmes ?

Évidemment cette étude a une utilité incontestable : sans quoi, la plupart des villes n'auraient pas, comme elles l'ont aujourd'hui, leur biographie locale.

Mettons-nous donc à l'œuvre, Messieurs; travaillons d'un commun accord pour raconter à nos concitoyens la vie de ceux de leurs ancêtres qui méritent de servir d'exemple à la postérité, ou de ceux dont ils devront éviter les regrettables écarts.

(Suit une liste des personnages illustres du Vendômois.)

Qu'il nous soit donc permis de compter sur votre zélé concours. Ne prétendant pas me réserver le monopole de ce travail, j'espère que quelques-uns de vous voudront bien se charger de faire et de signer plusieurs de ces notices; ce sera un moyen de donner à ces études biographiques une variété de style et de couleur qui les garantira de la monotonie à laquelle un auteur unique pourrait se laisser entraîner malgré lui.

Mon seul but en prenant la plume a été de provoquer vos travaux, et de vous demander, au nom de ceux qui s'intéressent à l'histoire du Vendômois, tous les renseignements inédits que vous pourrez nous fournir.

Vous les transmettriez, si tel est l'avis du bureau, à M. Launay, secrétaire de la Société, qui adresserait à chacun les documents utiles pour le travail dont il se serait chargé.

En prenant l'initiative de cette proposition, je me suis cru obligé de prendre aussi l'initiative des travaux dont elle est l'objet : j'ai écrit dans cette intention la biographie de Maillé-Bénéhart, gouverneur de Vendôme en 1559, et je vais vous la soumettre.

La lecture de la biographie de Maillé-Bénéhart est écoutée avec intérêt. Si l'idée de M. Lacroix est accueillie avec la faveur qu'elle mérite, la biographie de Maillé Bénéhart sera insérée dans une publication spéciale.

M. le secrétaire donne ensuite lecture d'un rapport de M. Neilz, sur un monument gallo-romain découvert dans la commune de Mazangé.

M. Neilz, en cherchant le tracé d'anciennes voies, dont les vestiges se rencontrent assez communément dans le Vendômois, a trouvé dans le voisinage de l'une d'elles une construction qui lui a paru digne d'appeler l'attention de la Société. C'est un petit édifice gallo-romain, connu dans le pays sous le nom de *Château du Bignon*.

Il présente la forme d'un carré dont le côté extérieur est d'environ 3^m,33. Il est bâti moitié en silex noyé dans le mortier et le ciment, et moitié en briques, formant quatre assises superposées de 30 centimètres de hauteur, et laissant entre elles une couche de mortier-ciment égale à l'épaisseur de la brique.

Ce petit monument, dont l'ouverture est au couchant, est en grande partie enseveli sous la terre que des travaux de terrassement renouvelés depuis nombre de siècles ont entassée autour. C'est sans doute ce qui l'a sauvé de la destruction. Situé près du bourg de Mazangé, à l'est, et complétement isolé, il couronne presque le sommet du coteau, au bas duquel coule une source abondante.

Le christianisme construisit à côté de ce qui a pu être un temple gallo-romain une chapelle dédiée à sainte Émérentienne, détruite depuis longtemps. La statue de cette vierge-martyre, placée dans l'église de la paroisse, continue d'y être en grande vénération.

Ce petit monument sera, à n'en pas douter, visité par une commission, qui fera des fouilles en cet endroit, afin qu'on puisse apprécier sa valeur archéologique.

M. Neïz ajoute à ce travail quelques détails sur les objets gallo-romains découverts à Courtiras en avril 1835.

Ils se composaient d'une lampe en terre, actuellement dans notre collection, d'un sabre à lame fort large, de ferrures de brides, de deux éperons d'une forme et d'un travail grossier, de trois pierres de forme peu régulière, qui ont été prises par erreur, selon lui, pour des haches celtiques.

La Société remercie M. Neilz de cette communication et des recherches archéologiques qu'il poursuit depuis longtemps avec un zèle digne d'éloges.

M. le secrétaire lit le rapport suivant sur une excursion archéologique à Thoré :

Messieurs,

La commission archéologique, composée de MM. Chautard, Boutrais, Nouel et Launay, s'est rendue à Thoré le 20 mars dernier. Elle y a trouvé MM. de Deservillers, Galdin, Boutrais Jules et Hême, membres de la Société.

Ce dernier, qui avait déjà donné avis à la Société de l'existence de fosses en forme de puits, et de cercueils en pierre, découverts à Thoré, avait, dès le matin, mis des ouvriers à la besogne.

A notre arrivée, nous avons, en effet, trouvé au milieu des vignes, sur le prolongement de la côte de Thoré, à environ un kilomètre au nord de ce bourg, un cercueil en pierre auquel il ne manquait que le couvercle, devant avoir la forme d'un toit aplati. Placé à 0^m,50 sous terre, et déjà fouillé, il renfermait des ossements rejetés pêle-mêle après la fouille. L'intérieur mesure 1^m,84 de long, 0^m,50 de largeur à la tête, 0^m,25 aux pieds, et 0^m,40 de profondeur. La tête tournée à l'orient. Plusieurs cercueils du même genre ont été trouvés dans cet endroit, appelé *Bel-Essor,* ou les *Châteaux*.

Des ruines d'une certaine importance existaient sur cette côte il y a quelques années encore. Elles se composaient de vieilles tours en maçonnerie. Le propriétaire a fait démolir la dernière vers 1858.

Après avoir terminé cette fouille, nous sommes revenus sur nos pas vers Thoré, au point où se trouvent ces fosses en forme de puits dont nous avons parlé en commençant.

Avant d'aller plus loin, il est bon de dire quelques mots sur des sépultures du même genre qui attirent en ce moment l'attention des archéologues.

On lit dans la Revue des Sociétés Savantes des Départements, N° d'octobre 1861 :

« M. l'abbé Baudry, curé de la paroisse de Bernard « (Vendée), a trouvé la confirmation d'un fait déjà con-« staté à Beaugency par M. Dufour de Pibrac, et en d'au-« tres endroits par divers archéologues, mais dont la science « ne s'est pas encore emparée : il s'agit de morts inhumés « dans des fosses en forme de puits.

« Le champ de l'Essermilière a laissé voir une dizaine « de ces sépultures. Leur orifice était indiqué par des pier-« res brutes posées en cercle sur le sol. Elles variaient, « par la profondeur, de 6 à 10^m, ainsi que par le diamètre. »

« Ces sépultures, dit le compte-rendu, ont presque toutes « été fouillées, et ont fait apparaître une foule d'objets de « toute espèce, tels que : urnes funéraires, statuettes, os de « bœuf, têtes de chien, tuiles à rebords, ossements humains « et de chevaux, coutelas en fer, charbon, etc., etc.

« Il est certain, dit l'auteur du rapport, que nous avons là « des sépultures du IIIe siècle, où les anciens rites gaulois se « trouvaient associés avec les rites romains.

« M. Parenteau, de la Société Archéologique de Nantes, a

« reconnu, près du château de Pouzauges, un groupe consi-
« dérable de puits funéraires, moins profonds que ceux dont
« nous venons de parler, car ils ne descendent pas à plus de
« deux mètres sous le sol.

« Il n'est donc pas encore temps, dit en terminant le rap-
« port, de généraliser les faits qui se rapportent au mode
« d'inhumation dans des fosses en forme de puits. Attendons,
« pour cela, que les faits se soient produits en plus grand
« nombre... »

Eh bien, Messieurs, nous sommes appelés, nous, Société naissante, à apporter notre contingent d'observations sur un point de la science qui préoccupe les archéologues.

Nous avons aussi à Thoré un groupe assez considérable de puits funéraires dont nous allons essayer de vous donner la description.

A sept ou huit cents mètres du bourg, à un endroit appelé la *Cave-aux-Caux (?)*, où la montagne, par une pente insensible, vient rejoindre la plaine, on fit, il y a environ trente ans, une tranchée dans le roc pour y établir des caves.

En pratiquant cette tranchée verticalement dans le rocher, suivant une ligne AB (voir le plan ci-joint), on mit à découvert quatre puits, 1, 2, 3, 4, dont les traces subsistent encore plus ou moins, comme il est facile de s'en assurer par le plan. A la même époque, on rencontra aussi le puits 6, qui se trouve dans une autre direction.

Ces puits, creusés dans le rocher, conservent entre eux une distance qui varie de 2 à 3 mètres. Leur forme est celle d'un cône tronqué, dont la prodondeur est d'environ 2 mètres. Leur orifice est de 1 mètre, et le plus grand diamètre inférieur de 2 à 3 mètres.

Le puits N° 1, qui a été tranché par le propriétaire, existant encore, était couvert par une large dalle. On y a trouvé un grand squelette assis, haut de près de 2 mètres.

Le N° 2 contenait des ossements d'animaux.

Dans le N° 3, la pioche rencontra un vase en terre cuite, qui fut cassé. Les morceaux rapprochés indiquaient la forme des vases gallo-romains.

Le N° 4 renfermait une certaine quantité d'ossements.

Dans le N° 6 se trouvait un squelette entier d'une grande dimension. Il était étendu sur la terre. Sous lui et sur le fond même du puits étaient de nombreux ossements d'animaux de toute espèce, mêlés de charbon, et les parois du puits portaient les traces d'un foyer.

Le N° 5, que nous avons laissé de côté avec intention, parce qu'il n'avait point été découvert à l'époque de la tranchée, a été fouillé, en notre présence, le 20 mars dernier. Ses dimensions sont les mêmes que celles des autres puits. Nous avons trouvé au début deux ou trois fragments de vase en terre cuite, trop peu caractérisés pour qu'on puisse rétablir la forme primitive de ce vase, qui devait avoir des dimensions assez grandes (au moins 0,30 centimètres de diamètre). Venaient ensuite des pierres et des ossements très-variés de chevaux, de chiens et d'oiseaux, etc.

Ces puits, à n'en pas douter, ont dû être fouillés à une époque qu'il est difficile de déterminer, et après en avoir extrait ce qui pouvait offrir un certain intérêt, on a dû rejeter le reste pêle-mêle dans l'intérieur.

Il est cependant facile de reconnaître une grande analogie entre ces puits et ceux qui ont été trouvés en Vendée et près de Nantes.

Depuis notre excursion à Thoré, M. Hême, notre zélé collègue, a découvert sur la côte des Quatre-Vaux, à deux kilomètres environ du bourg, deux autres puits funéraires du même genre et ayant les mêmes dimensions que ceux de la Cave-aux-Caux. Comme ces derniers, ils renfermaient aussi des ossements. Il en existe encore un autre dans la vallée de Rochambeau. En le fouillant, on trouva un squelette d'enfant.

Il serait à désirer qu'on pût rencontrer un puits non exploré, qui nous mît à même de déterminer l'époque controversée de ces sortes d'inhumations; car il est bien évident que, si nous n'avons pu assigner une date certaine aux objets trouvés, au moins ne reste-t-il aucun doute, dans notre esprit, sur la destination de ces fosses en forme de puits.

L'ordre du jour étant épuisé, la séance est levée.

Le Secrétaire,   LAUNAY.

Vendôme. Typ. et Lith. Lemercier.

SOCIÉTÉ ARCHÉOLOGIQUE

DU VENDOMOIS

RÉUNION DU 10 JUILLET 1862.

La Société Archéologique du Vendômois a tenu sa troisième réunion générale le 10 juillet, à une heure, dans la grande salle de l'Hôtel-de-Ville, sous la présidence de M. de Déservillers.

Étaient présents :

MM. de Déservillers, vice-président ; Launay, secrétaire ; Ch. Chautard, secrétaire-adjoint ; G. Boutrais, trésorier ; Nouel, conservateur ; l'abbé Bourgogne, H. de Brunier, P. Rolland, membres du Bureau ;

Et MM. Blau Alfred, Boutrais Jules, Bruland, de Courtarvel, Chautard Emile, Chautard Marcel, Dattin, Deshayes, Duriez, Fontémoing, Filly, Gendron, Estave, de Geoffre, Hême, Lacroix de Rochambeau, de Lavau père, de Lavau Charles, de Lapanouze, Lemercier, Mareschal, Marganne, Martellière Paul, de Martonne père, de Monterno, de Nadaillac, Neilz, Noulin, Pestrelle, de Trémault Gédéon, l'abbé Tremblay, Vallée, membres de la Société.

M. le président a déclaré la séance ouverte et a prié le secrétaire de donner communication de la liste des nouveaux adhérents, qui ont été reçus par le Bureau ; ce sont :

MM. le marquis de Geoffre, à Vendôme ; Parisot, à Château-Gontier ; l'abbé Bégiers, id. ; Lecesne fils, à Châteaudun ; de La Sausaye, capitaine du génie à Vendôme ; Pestrelle, à Vendôme ; Noulin, à Naveil ; Fontémoing, à Vendôme ; de

Nadailla·, à Rougemont ; l'inspecteur de l'Académie, à Blois ; de Pétigny Michel, à Clénor ; Girard, attaché au cabinet du Préfet, à Blois ; Bouvet, professeur à Pont-Levoy ; Martin, substitut à Montdidier ; Blau Alfred, avocat à Blois ; Dufoy, médecin à Blois ; Ulysse Bénard, artiste peintre à Blois ; Martellière Paul, juge suppléant à Blois ; Vallée, jardinier-fleuriste à Vendôme ; le marquis de Courtarvel, à Baillou ; de Monterno, à Belair, près Vendôme.

M. Rolland, membre du Bureau, annonce que la commission chargée de chercher un local pour le Musée, a loué le premier étage de la maison n° 44, rue du Change, appartenant à M. Gendron, juge de paix. L'assemblée approuve le choix fait par la commission. La réunion générale d'octobre se tiendra dans l'une des salles du Musée.

M. Nouel, conservateur du Musée, professeur de physique au Lycée de Vendôme, a la parole :

NOTICE SUR LA THÉORIE DU GIVRE ET DU VERGLAS.

Messieurs,

Mon intention est de vous entretenir aujourd'hui de deux phénomènes que vous avez tous eu l'occasion d'observer pendant certains hivers ; je veux parler du *givre* et du *verglas*.

Leur description et leur théorie laisse beaucoup à désirer dans tous les traités de physique, où ils ont été trop négligés jusqu'à présent. Ils ont cependant le privilége d'attirer l'attention générale lorsqu'ils se présentent ; le *givre*, en recouvrant tous les objets d'un duvet étincelant, donne au paysage d'hiver un aspect qui provoque l'admiration des plus indifférents, et le *verglas*, en étendant son vernis glissant sur le sol, oblige tous ceux qui font cas de leur équilibre à s'occuper de lui.

Je parlerai en premier lieu du givre. Tous les traités de physique que j'ai pu consulter emploient les deux mots *givre* et *gelée blanche* comme synonymes ; on lit dans l'un par exemple : « Le givre ou gelée blanche se forme comme la rosée, etc. » Dans un autre : « Le givre ou la gelée blanche est une couche de glace spongieuse, etc. » Les mêmes ouvrages s'accordent cependant à distinguer une autre espèce de givre, qui ne se dépose pas seulement sur les objets à la surface du sol, et le matin, comme la gelée blanche, mais qui recouvre, le jour aussi bien que la nuit, tous les corps, arbres, maisons....., à quelque hauteur qu'ils soient situés dans l'atmosphère.

Il me semble tout d'abord que l'on pourrait faire cesser cette confusion regrettable dans les mots, en nommant simp'ement *gelée blanche,* le dépôt de glace en petits cristaux qui se fait sur les herbes et autres corps à la surface du sol, par suite du rayonnement nocturne. Ce même dépôt est fréquemment désigné par le public sous le nom pittoresque de *barbelée.* — Ce phénomène, qu'on observe fréquemment au printemps et à l'automne, n'est qu'un cas particulier de la rosée, et se produit toutes les fois que l'air étant humide et à quelques degrés seulement *au-dessus* de 0°, les objets qui recouvrent le sol tombent à quelques degrés *au-dessous* du même point par l'effet du rayonnement nocturne. Je n'insisterai pas sur sa théorie qui se trouve exposée dans tous les traités de physique.

On réserverait le nom de *givre* au dépôt de glace en aiguilles cristallines qui hérisse quelquefois tous les objets offrant des aspérités, tels que arbres, buissons, édifices élevés, etc. — Ce dépôt, beaucoup moins commun que la gelée blanche, ne se forme pas dans les mêmes circonstances ni aux mêmes époques; c'est un phénomène qu'on n'observe que pendant les froids de l'hiver, alors que, la température de l'air et de tous les corps étant au-dessous de 0°, un vent humide du sud ou de l'ouest vient à souffler et détermine un brouillard. Aussi l'apparition du givre est-elle, en général, accompagnée d'un adoucissement dans la température et regardée comme l'annonce du dégel.

Comme synonyme de givre restreint à ce phénomène seulement, on peut citer l'expression de *frimas,* que tout le monde emploie pour désigner cette espèce de neige qui recouvre les objets sans qu'il y ait eu chute de flocons dans l'atmosphère.

Je n'ai trouvé cette expression définie dans aucun des traités de physique que j'ai pu consulter; mais je la vois employée dans ce sens, à deux reprises, par M. Fournet, professeur à la faculté de Lyon, dans un mémoire relatif à ces phénomènes, qui est inséré dans l'Annuaire de la Société Météorologique de France, tome IV, 1856. Son autorité me paraît suffisante pour me permettre d'adopter le mot *frimas* comme synonyme de givre, défini ainsi que je viens de le faire.

D'ailleurs, je trouve dans le Traité de Météorologie du P. Cotte, 1774, p. 48, sous le titre *Givre ou Frimas,* une très-bonne description du phénomène, que je rappellerai tout à l'heure. — Plus loin, dans un chapitre différent, il parle de la gelée blanche sans lui donner comme synonyme le mot givre.

Ces termes étant définis, voyons maintenant dans quelles circonstances le phénomène se produit.

Le givre ou frimas se dépose par des temps *brumeux* ou de brouillard, qui ont lieu *par la gelée ;* le brouillard, poussé par le vent, se gèle au contact des corps qui se trouvent sur son passage, et chaque globule donne des aiguilles de glace qui, s'ajoutant aux premières déjà déposées, forment par leur ensemble des pointes en pyramide qui sont toutes dirigées du côté du vent.

C'est de cette façon que le phénomène est décrit dans la plupart des ouvrages.

Ainsi, dans le Traité de Météorologie du P. Cotte, que je viens de citer tout à l'heure, p. 48, sous l'entête *Givre ou Frimas,* on lit : « En hiver, les brouillards sont plus fré-« quents qu'en été, parce que le froid qui règne dans l'air « condense promptement les vapeurs et ne leur donne pas le « temps de s'élever beaucoup; si le froid augmente, le « *brouillard se gèle* et s'attache aux branches des arbres, « aux plantes sèches, aux cheveux des voyageurs, aux crins « des chevaux, et généralement à tout ce qui s'y trouve « exposé; c'est ce qu'on appelle *givre ou frimas.* »

Peclet, dans son traité de physique (4ᵉ édition, 1847, tome I, p. 713), s'exprime ainsi : « Quelquefois les brouil-« lards se congèlent, et déposent sur les corps des croûtes « hérissées de longues fibres prismatiques, dont les pointes « sont dirigées du côté du vent; ces dépôts congelés doivent « être distingués de la gelée blanche, etc. »

Dans les régions polaires, le phénomène est beaucoup plus commun que dans nos pays; voici ce qu'en dit Kaemtz, dans son traité de Météorologie (1843, p. 106) : Après avoir décrit comme variété de gelée blanche le dépôt de cristaux de glace sur les maisons et les arbres, il ajoute : « Cette forme « de gelée blanche est très-fréquente dans les régions po-« laires par les temps *brumeux.* Les manœuvres des navires « sont alors ornées de franges étincelantes et de cristallisa-« tions régulières, que les matelots ont désignées sous le nom « de *barbes.* »

Enfin, le phénomène qui doit être fréquent en Angleterre, le pays classique des brouillards, y est désigné sous le nom de *brouillard gelé.* Je trouve, en effet, dans la *Clef de la Science* du Dᵣ Breuer, traduit de l'anglais en français par l'auteur lui-même, p. 252, l'expression suivante : Le brouillard gelé connu sous le nom de givre ; et plus loin : Le givre ou brouillard gelé.

D'ailleurs, sans aller chercher mes preuves dans les livres, j'en trouve de beaucoup plus directes en consultant les quelques notes que j'ai prises les hivers précédents, et surtout le registre météorologique de M. G. Boutrais, qui, depuis plusieurs années, observe à Vendôme avec un zèle et une exactitude qu'on ne saurait trop louer. Je dois dire ici que, sans ses observations consciencieuses où il m'a permis de puiser, le petit travail que j'ai entrepris eût manqué d'une partie des éléments numériques sur lesquels toute théorie doit reposer. Qu'il veuille bien en accepter publiquement mes remercîments.

Je dois prévenir d'abord qu'afin d'abréger l'écriture et le langage, les physiciens ont l'habitude de faire précéder les chiffres qui expriment les températures au-dessous de 0° d'un petit trait horizontal (le signe *moins* des mathématiciens), et d'énoncer *moins* 5° par exemple pour dire : 5 degrés au-dessous de 0°. — J'emploierai souvent cette notation dans ce qui va suivre.

Or, je lis, tant dans le registre de M. Boutrais que dans mes notes :

21 décembre 1860, 9 heures du matin, thermom. —7°, brouillard intense qui couvre les arbres de givre.

24 décembre même année, 7 heures du matin, —11°, brouillard épais, givre.

20 janvier 1861, 8 heures du matin, —6°,4, brouillard intense, givre abondant, etc.

En résumé, on voit donc que le givre ou frimas prend naissance dans une atmosphère brumeuse, c'est-à-dire chargée de brouillard et au-dessous de 0°, ce brouillard venant à se déposer en aiguilles de glace sur les objets qui s'y trouvent plongés.

J'arrive maintenant à la théorie du phénomène, théorie qui n'est exposée dans aucun traité de physique à ma connaissance, mais que je trouve indiquée dans un passage du mémoire de M. Fournet, que j'ai signalé plus haut. Mon intention est tout simplement de développer l'idée contenue dans ce passage, idée qui appartient toute entière à M. Fournet. J'ajouterai d'ailleurs que, lui ayant écrit mon intention à cet égard, j'ai reçu de lui une lettre très-aimable, où il m'encourage à rédiger le petit travail que j'ai l'honneur de vous présenter, en ajoutant qu'il a depuis longtemps amassé des faits sur ce sujet et sur le verglas, dont j'ai l'intention de parler aussi, et qu'il se propose d'en faire l'objet d'une publication prochaine. — En attendant la venue de M. Fournet, je me permettrai de jouer, par rapport à lui, le rôle de précurseur destiné à préparer les voies.

Et d'abord, qu'est-ce qu'un brouillard ? C'est un amas de petits globules liquides pleins en nombre immense, qui ôte à l'air sa transparence; ces globules, dont le diamètre ne dépasse pas certainement $\frac{1}{50}$ de millimètre, et dont le poids, par suite, vaut à peine $\frac{1}{250,000}$ de milligramme, flottent dans l'atmosphère, ou du moins tombent insensiblement et sont soulevés par les moindres courants, de la même manière que les poussières les plus fines et la fumée restent presque indéfiniment en suspension dans l'air.

Les nuages ne sont autre chose que des brouillards qui prennent naissance au sein de l'atmosphère, dans les régions supérieures, ainsi qu'ont pu le constater maintes fois les voyageurs qui se sont élevés sur les montagnes ou les aéronautes qui ont traversé une couche de nuages, pour retrouver le soleil au-dessus de leur tête.

Les nuages et les brouillards sont d'ailleurs dus à la même cause, savoir au refroidissement d'une masse d'air humide; ce refroidissement produit la condensation d'une partie de la vapeur d'eau en petites gouttelettes excessivement fines. Ce sont les mêmes globules qu'on voit s'élever au-dessus d'un liquide chaud et qu'on appelle improprement de la vapeur.

J'ajouterai encore que de Saussure avait supposé, pour expliquer la suspension des nuages dans l'atmosphère, que les globules des nuages et du brouillard étaient de petites *vésicules creuses*, semblables à des bulles de savon, qui flottaient dans l'air. Cette hypothèse de la vapeur vésiculaire, qui se trouve encore dans beaucoup d'ouvrages de physique, a été battue en brèche depuis assez longtemps déjà et doit disparaître de la science ([1]).

Ce sont ces gouttelettes très-fines qui, en se réunissant en grand nombre, forment les gouttes de pluie qui tombent à

([1]) V. à ce sujet le traité de physique de Péclet, 4ᵉ édition, 1847, tome i, p. 704. — Le traité de physique de Daguin, 1ʳᵉ édition, 1855, tome ii, p. 204, et un mémoire de M. de Tessau, lu à la séance du 12 juillet 1859 de la Société Météorologique de France et inséré dans son bulletin.

la surface du sol. Ce sont les mêmes globules qui, se trouvant dans une couche d'air au-dessous de 0°, se gèlent en petites aiguilles, qui se groupent régulièrement entre elles pour former des flocons de neige. — Mais ici se place une question très-intéressante et dont la solution nous donnera la théorie du givre, que je ne perds pas de vue. A quelle température environ se fait la congélation du brouillard ? Ou, en d'autres termes, jusqu'à quelle température ces globules peuvent-ils conserver leur état liquide dans l'atmosphère ? Il semble que la réponse soit toute simple ; puisque l'eau se congèle à 0°, cette température serait la limite demandée. Mais il n'en est rien. Tous les hivers, pendant la gelée, nous pouvons observer des brumes ou brouillards dont les globules sont certainement à l'état liquide ; en se congelant ils donneraient naissance à des aiguilles de glace ou à une neige très-fine, bien différente du brouillard. De même lorsqu'il gèle le ciel n'est pas toujours pur, mais se trouve souvent chargé de nuages qui certainement flottent dans une couche d'air à plusieurs degrés au-dessous de 0°. — Dès 1783, de Saussure avait fait cette remarque, mais sans pouvoir s'expliquer l'existence des globules liquides dans un air gelé.

M. Fournet, dans le mémoire dont j'ai déjà parlé, s'occupe précisément de cette question, et fait voir par des exemples bien choisis et par ses propres observations, qu'il faut des froids de 12 à 15 dégrés pour déterminer la congélation spontanée des gouttelettes du brouillard en suspension dans l'air. A l'appui de ses observations, je rappellerai celles que j'ai citées tout à l'heure et qui ont été faites à Vendôme :

21 décembre 1860, 9 heures du matin, thermom. —7°, brouillard intense.

24 décembre suivant, 7 heures du matin, —11°, brouillard épais.

Ce résultat est bien de nature à surprendre les personnes qui croient que l'eau pure gèle toujours à 0°; mais ce n'est qu'un exemple de plus du phénomène, que les physiciens appellent *surfusion* d'un liquide, phénomène que l'on peut énoncer ainsi : la température d'un liquide peut, dans certaines circonstances, être abaissée au-dessous de son point de solidification, sans qu'il change d'état. L'eau pure particulièrement, étant refroidie lentement dans un vase à parois lisses (verre, porcelaine, faïence), peut descendre au-dessous de 0° sans se congéler. Gay-Lussac a pu pousser le refroidissement jusqu'à —12°, en ayant soin de recouvrir la surface de l'eau d'une couche d'huile, qui empêche le contact de l'air et les mouvements de la surface. Lorsque de l'eau est ainsi à l'état de surfusion, on peut, sans déterminer la congélation, lui communiquer un mouvement général, qui ne modifie pas la position relative des molécules, comme un mouvement de transport par exemple; mais une secousse, un mouvement vibratoire, l'introduction d'un corps étranger présentant des aspérités, déterminent le changement d'état, et on voit se former presque instantanément, dans toute la masse, une multitude d'aiguilles de glace qui partent d'un point pour rayonner dans toutes les directions; en même temps, un thermomètre plongé dans le liquide remonte rapidement et arrive à 0°, par suite du dégagement de la chaleur latente au moment de la solidification. Cette congélation n'est d'ailleurs que partielle, et la quantité de glace formée dépend de l'abaissement de la température initiale.

L'introduction d'un corps étranger à surface lisse, comme une baguette de verre, le réservoir d'un thermomètre, ne détermine pas d'habitude la congélation; celle d'un corps chargé d'aspérités, comme un brin de bois, d'herbe sèche, réussit plus souvent, et enfin le contact d'une parcelle de glace provoque *toujours* la cristallisation immédiate de la masse.

L'abaissement de la température de l'eau au-dessous de 0°, sans congélation, s'explique par l'inertie des molécules. Pour que la congélation se fasse, il faut que les molécules de l'eau puissent se grouper d'une manière déterminée, pour donner naissance à des aiguilles prismatiques régulières, qui s'enchevêtrent pour former la glace. (La formation de ces aiguilles s'observe très-bien à la surface des vitres, en hiver, et donne naissance à ces arborisations élégantes que chacun de vous a pu admirer.) Or, on conçoit que, dans un état de repos complet et grâce à la viscosité de l'eau, les petits déplacements des parties, nécessaires à cette disposition régulière, ne puissent s'accomplir, et que par suite l'état liquide persiste malgré la température. Un mouvement total de la masse, ne changeant rien aux positions relatives des molécules, ne produira pas la cristallisation, tandis qu'un mouvement vibratoire qui ébranle toutes les parties la fera naître à l'instant. Quant à l'effet variable du contact d'un corps suivant qu'il est lisse ou couvert d'aspérités, ou à l'effet

toujours décisif d'une parcelle de glace, on se l'explique
moins facilement, et nous l'accepterons comme un fait
d'expérience.

Enfin, tout récemment, M. Dufour, de Lausanne, a publié
sur le même sujet (¹) des expériences très-curieuses dont
voici le résumé : Si dans un mélange de chloroforme et
d'huile d'amandes douces ayant la même densité que l'eau,
on fait arriver, au moyen d'un tube effilé, de petites quan-
tités de ce liquide, on voit l'eau prendre la forme de gouttes
sphériques, qui restent en suspension dans le liquide environnant par suite de l'égalité de densité des deux substances,
donnant ainsi une image agrandie des globules des nuages
flottant dans l'air. On peut alors refroidir tout l'appareil au-
dessous de 0° sans déterminer la congélation de ces petites
sphères d'eau, qui n'ont de contact avec aucun corps solide. Il faut atteindre 5 à 8 degrés de froid pour congéler les
plus grosses, et aller jusqu'à —12° et —15° pour les plus petites, qui se rapprochent davantage des gouttelettes du
brouillard. M. Dufour en a même vu de liquides à —18° et
—20°. Si l'on vient à toucher avec une tige solide ces globules
en surfusion, on détermine leur congélation instantanée,
comme dans les cas que je viens d'examiner, quoique moins
facilement ; le contact d'une parcelle de glace détermine
toujours immédiatement le changement d'état.

En résumé, on voit qu'il résulte des observations de M.
Fournet que les gouttelettes d'eau qui composent le brouillard et la brume résistent à la congélation jusqu'à des températures de 12° à 15° au-dessous de 0°, et que ce fait n'est
qu'un cas particulier du phénomène de la surfusion de l'eau,
cas que les expériences de M. Dufour reproduisent d'une
manière presque identique.

Ce point établi, la théorie du givre s'en déduit presque
immédiatement.

Nous avons dit, en effet, que le phénomène se produisait
par les temps brumeux, lorsque le thermomètre était à plusieurs degrés au-dessous de 0°. Dans ces conditions on a un
brouillard à l'état de surfusion, dont les gouttelettes pous-
sées par le vent et arrivant au contact des corps qui
offrent des aspérités (tels que herbes, buissons, arbres,
édifices), se congèlent instantanément en houppes cris-

(¹) Archives des Sciences physiques et naturelles (Genève),
n° du 20 avril 1861.

tallines qui vont sans cesse en augmentant de longueur, les pointes étant tournées vers le vent.

Ce phénomène a lieu quelquefois le matin et lorsque le brouillard s'est entièrement déposé à l'état de frimas ; le soleil vient faire étinceler toute cette magique parure d'aiguilles de glaces, dont l'éclatante blancheur est mise en relief par la couleur sombre des rameaux qu'elles hérissent d'un seul côté.

Cette théorie très-simple et très-rationnelle du givre ou frimas ne se trouve dans aucun des ouvrages élémentaires de physique que j'ai été à même d'examiner ; mais elle est indiquée dans le passage suivant du mémoire de M. Fournet :

« Le 14 janvier 1855, dit-il, je sortis le matin de Beau-
« jeu pour gravir la montagne d'Avenas (alt. 850ᵐ); le sol
« était alors fortement gelé, et à 9 heures je pénétrais dans
« un nuage (cumulo-stratus) vivement chassé par un vent
« du nord. Arrivé à 10 h. au point culminant, la tempête
« étant dans toute sa force, et me trouvant plongé dans le
« plus épais de la brome, le thermomètre indiquait —3°,7.
« Cependant rien ne venait démontrer que cette vapeur fût
« congelée ; aucune paillette glaciale, aucune lamelle de
« neige ne tombait à terre, et si les vésicules se fixaient au-
« tour des arbres ainsi que des autres objets, de manière à
« les revêtir de frimas, dont les formes et les dimensions
« étaient vraiment remarquables, je ne pouvais voir dans
« ces enjolivures que le résultat de la simple influence du
« contact des aspérités d'un corps solide sur un liquide à
« l'état de surfusion. »

Un autre cas peut se présenter, c'est celui où la température de l'air qui contient le brouillard serait à 14 ou 15 degrés au-dessous de 0°, ou plus basse encore. Dans ces conditions, le contact d'un corps solide n'est plus nécessaire pour provoquer la congélation des gouttelettes liquides, et le phénomène a lieu spontanément dans l'atmosphère, laquelle se trouve remplie de petites *flèches glaciales*, qui tombent de toutes parts ; ces flèches vont s'accrochant à tous les corps vers lesquels le vent les pousse, et reproduisent la disposition du frimas que j'ai examinée tout à l'heure. — Ce cas s'observe fréquemment dans les régions polaires à la surface de la mer ou sur les côtes ; mais très-rarement dans nos pays, où le thermomètre ne descend pas souvent à —15°.

M. Fournet en cite deux exemples qu'il a pu observer :

l'un à Lyon, le 30 décembre 1853, à la surface du Rhône ;
l'autre à Strasbourg, en 1820.

Je ne puis résister au plaisir de vous citer le passage où
il décrit, avec enthousiasme, le magnifique spectacle dont il
a été témoin dans cette dernière circonstance :

« Je puis rappeler à ce sujet, dit-il, une apparition déjà
« ancienne et dont j'ai été témoin à Strasbourg, pendant le
« rigoureux hiver de 1819 à 1820. Elle se manifesta à la
« suite d'une de ces nuits pures et poignantes, que les habi-
« tants des pays septentrionaux caractérisent sous le nom de
« *nuits de fer*. Pendant la matinée, un soleil presque pur
« brillait au travers d'une couche d'apparence vaporeuse,
« mais par le fait entièrement composée de ces flèches (de
« glace) qui, dans leur mouvement de translation, et malgré
« leur extrême ténuité, réfléchissaient de toutes parts les
« rayons de l'astre ; un état de clarté atmosphérique vrai-
« ment singulier résultait des effets combinés de la lumière
« directe et des glissantes lueurs de la lumière répercutée.
« Mais le spectacle le plus remarquable fut offert par la ca-
« thédrale et par sa tour ; ce monument se trouvait entière-
« ment revêtu d'un duvet de ce brouillard gelé, dont la
« blancheur, modifiée en raison de l'épaisseur variable de
« sa couche, faisait ressortir de la manière la plus suave les
« nombreuses statuettes et leurs niches gothiques, les co-
« lonnettes interminables comme si elles eussent été tirées
« à la filière, les légères découpures des trèfles et des rosaces,
« les clochetons festonnés, et, en un mot, tous les vertigineux
« caprices de son architecture flamboyante. J'ai vu, dans les
« illuminations des fêtes publiques, cette flèche, rivale des
« pyramides d'Egypte, porter à 142 mètres de hauteur ses
« girandoles de lumière et ses torches incandescentes. Le
« spectacle était grandiose, admirable ; mais, il faut le dire,
« cette gigantesque lame de feu, resplendissant au milieu de
« la nuit, ne pouvait en aucune façon soutenir la compa-
« raison avec la fantastique apparition de l'immense dentelle
« de pierre qui, toute entière poudrée par les frimas trans-
« lucides, surgissait du sein de l'atmosphère micacée et va-
« poreuse de cette splendide matinée. »

Je passe maintenant au verglas.

Dans le langage ordinaire on donne le nom de *verglas* à
une couche de glace unie qui recouvre le sol en se modelant
sur lui, et qui le rend glissant. — Je n'essaierai pas de décrire l'émoi qui s'empare d'une ville ou d'un bourg lorsque

le matin, la terrible nouvelle : Il y a du verglas ! se répand de proche en proche, accompagnée d'une liste formidable d'accidents, de chutes désastreuses, capables d'arrêter les plus osés et de les retenir chez eux, et je rechercherai simplement les causes du phénomène.

Comme l'a dit excellemment Pascal, la véritable supériorité de l'homme sur la nature est de la comprendre, et tandis que le verglas fait chanceler le roi de la *création* sur ses bases, nous aurons sur lui l'avantage de savoir ce qui nous fait tomber.

Le verglas peut être dû à plusieurs causes ; ainsi, par exemple, la terre étant couverte de neige, il peut survenir un petit dégel qui la fonde en partie, puis la gelée reprenant la nuit, cette eau devient une couche de glace qui constitue un verglas. Ce cas est trop simple et tout expliqué, je passe.

D'ordinaire le verglas se forme lorsqu'après des froids prolongés une petite pluie survient et se congèle en touchant le sol. — Tous les ouvrages de météorologie et de physique donnent du phénomène l'explication suivante : Le verglas se forme sur place lorsqu'il tombe une pluie *peu abondante*, et que la terre est à une température inférieure à 0°. Les gouttes de pluie s'étalent alors à la surface du sol et des objets, et s'y congèlent en la recouvrant d'une couche de glace unie et transparente. Plusieurs ajoutent qu'une pluie abondante ne tarderait pas à réchauffer les corps, et que, dans ce cas, le verglas serait de très-courte durée. — Cette théorie très-simple s'applique certainement aux *petits verglas*, qui n'ont que quelques heures de durée et qui précèdent le dégel.

J'en trouve un exemple très-net dans mes notes à la date du 30 décembre 1860. La veille, 29, gelée ; —5° à 9 heures du matin ; vent d'Est ; baromètre très-haut, 764,5. Le soir, à 6 heures, le baromètre commence à fléchir : 761,2, et le temps se radoucit ; le thermomètre marque —1°. La nuit, le vent passe au sud et le baromètre descend de 10 millimètres. Le 30, à 6 heures du matin, +1°, dégel ; bonne pluie ; la terre est recouverte d'une petite couche de verglas qui disparaît bientôt sous la pluie croissante ; à 9 heures du matin, le pluviomètre de M. Boutrais accusait 10^{mm},6, ce qui est une forte pluie. Le soir, à 6 heures, 11° au-dessus de 0°.

Mais la même théorie ne peut plus servir à expliquer certains verglas remarquables que l'on a rarement occasion d'observer et qui peuvent prendre les proportions d'une calamité publique. Je vais prendre pour exemple celui qui a eu lieu à Vendôme le 25 décembre 1860 (jour de Noël), et que vous pouvez tous vous rappeler.

Le froid commença le 18 décembre, très modéré d'abord et accompagné d'une chute abondante de neige, et se continua avec des intensités variables jusqu'au 25. Le 24 fut une journée très-froide, accompagnée de brouillard et de givre, —11° le matin, —7°,4 à midi, —9° à 6 heures du soir. A partir de ce moment, le thermomètre remonte, le ciel est couvert de nuages venant de l'ouest et amenant de l'humidité et de la chaleur. A 11 heures du soir, —6°,6.

Le 25 décembre, à 6 heures du matin, —3°,8, la neige commence à tomber, indice de dégel ; à 8 heures, la neige devient abondante ; à midi, le thermomètre marquant —1°,7, la neige devient de la pluie, et une forte pluie qui ne cesse pas jusqu'à 7 heures du soir environ. — De midi à 7 heures, la quantité d'eau tombée atteint à peu près 12 millimètres. c'était donc une pluie très-abondante.

Vers midi, au moment où cette pluie commence, le verglas se forme en prenant des proportions extraordinaires. Le sol et la neige qui le cache en beaucoup d'endroits, se couvrent d'une croûte épaisse de glace unie ; tous les objets exposés à l'air s'enveloppent d'un étui de glace lisse et transparente, les arbres notamment, dont les branches menacent de rompre sous le poids. — Le phénomène paraît d'ailleurs avoir été général dans toute la France, car j'ai lu dans les journaux, quelques jours après, que dans la Provence le verglas avait pris ce même jour les proportions d'un désastre ; beaucoup d'oliviers se sont brisés sous la charge de glace qui les recouvrait. Un observateur ayant ramassé une des branches tombées à terre lui trouva un poids de 33 livres, et l'ayant débarrassée de la glace qui l'enveloppait comme un manchon, il ne se trouva que 3 livres de bois. — Tel est le phénomène qu'il s'agit d'expliquer.

Et d'abord la théorie ordinaire du verglas, que j'ai rappelée tout à l'heure, est évidemment insuffisante. On suppose une pluie froide, mais au dessus de 0°, dont les gouttes, s'étalant sur le sol et les objets dont la température est inférieure à 0°, s'y congèlent en couches transparentes.

Or, il est facile de calculer la quantité de glace qui peut se former dans ces conditions sur un corps exposé à l'air. — En supposant, par exemple, une pluie à 0°, tombant sur des objets dont la température serait —5°, et en attribuant à ces objets une chaleur spécifique égale à $\frac{1}{2}$, ce qui est fort exagéré, on arrive à ce résultat qu'un objet ne pourrait congeler que $\frac{1}{32}$ environ de son poids d'eau, et j'exagère beaucoup les conditions du phénomène. Dans les circonstances ordinaires du verglas, cette quantité n'atteindrait certainement pas $\frac{1}{50}$. Nous sommes loin, comme on le voit, de masses de glace capables de briser les branches des arbres et pouvant atteindre à dix fois le poids de ces branches, d'après le chiffre observé dans le Midi, le 25 décembre 1860.

Voici d'ailleurs quelques faits qui échappent complétement à la théorie ordinaire du verglas. Le 25 décembre en question, de midi à 3 heures, pendant la formation du verglas, je pus observer à plusieurs reprises et en en faisant l'objet d'une expérience proprement dite, qu'un parapluie sortant d'une chambre *chaude* et ouvert sous cette pluie singulière, se couvrait de glace au point de devenir raide et difficile à fermer. — On m'a même cité un fait plus curieux encore : la voiture de Vendôme à Blois, qui part à midi, se trouva obligée de gravir, par ce verglas, les côtes rapides qui sont à une lieue de la ville; les chevaux ne pouvant plus avancer, le conducteur pria les voyageurs de descendre, malgré la pluie glaciale qui tombait, et l'un d'eux qui était vêtu d'une blouse, après avoir été exposé quelque temps à cette pluie, et au moment de remonter en voiture, s'aperçut que sa blouse était gelée, c'est-à-dire raide et durcie comme du linge fortement empesé. On ne peut pas dire, dans ces deux cas particuliers, que la pluie tombait sur des objets à plusieurs dégrés au-dessous de 0°, puisqu'ils étaient exposés dehors sortant d'un local à une température supérieure à 0°.

Ainsi, la quantité de glace qui se forme dans les grands verglas d'une part, et d'autre part le fait curieux d'objets non gelés se recouvrant de glace lorsqu'on les expose à la pluie dans ces circonstances, montrent clairement l'insuffisance de la théorie ordinaire du verglas pour expliquer ce cas particulier du phénomène.

Maintenant de quelle manière se rendre compte de ces faits ? Le point capital qui m'avait frappé dans l'après-midi du 25 décembre 1860, c'est la coïncidence d'une température inférieure à 0° (—1°,7 à midi et se rapprochant ensuite peu à peu de 0°) avec une forte pluie. A quelle température était cette pluie ? En y exposant un thermomètre, ou en plaçant l'instrument sous l'eau qui ruisselait abondamment des toits, je trouvai 0° exactement; mais cette observation ne décide pas la question, puisque si les gouttes étaient au-dessous de 0° et en surfusion, en frappant les corps solides et le thermomètre en particulier, elles devaient cristalliser en partie et leur température remonter immédiatement à 0°, suivant la loi du phénomène énoncée plus haut; elle prouve donc seulement que la pluie était ou à 0° ou au-dessous.

Le plus simple me paraît être d'admettre qu'il y avait équilibre de température entre la pluie et l'air qu'elle traversait. On comprendrait difficilement, en effet, une différence de température entre l'atmosphère et des gouttes très-petites, offrant une surface totale considérable et tombant avec une grande vitesse à travers sa masse. — Quant à la difficulté d'admettre une pluie au-dessous de 0°, elle n'existe pas, après les faits de surfusion que je vous ai rapportés et surtout les expériences de M. Dufour, qui imitent d'une manière si curieuse les conditions où ces gouttes d'eau se trouvent placées, savoir : libres dans un milieu fluide.

Les mêmes expériences répondent à la difficulté qu'on pourrait induire du mouvement rapide de chute de ces gouttes, puisque dans ses expériences il fait voir que les globules d'eau en surfusion dans un milieu de même densité, peuvent être déformés avec une baguette de verre et promenés dans le mélange sans qu'elles se congèlent. Il n'y a là qu'un mouvement total qui ne détermine pas la cristallisation de la masse.

On comprend maintenant, sans peine, quel doit être l'effet d'une pluie au-dessous de 0°, tombant sur le sol gelé ou la neige et sur des objets de toutes sortes. Chaque goutte liquide en surfusion frappant un corps solide s'étale à sa surface et se congèle en partie, déposant ainsi une pellicule de glace moulée sur l'objet; une autre goutte vient ajouter une nouvelle couche à la première, et ainsi de suite, tant que les conditions du phénomène persisteront.

Dans la circonstance que je rappelle, la formation du verglas a duré depuis midi jusqu'à 4 ou 5 heures environ; car je trouve dans mes notes: 4 heures et demie, —0°,4 thermomètre à l'abri; pluie continue. La quantité d'eau tombée, pendant ces quatre ou cinq heures, se montait à 10 millimètres environ, d'après l'observation de M. Boutrais.

Cette explication est-elle suffisante et peut-elle rendre compte de la quantité de glace considérable qui s'amasse sur les branches d'arbre, et qui peut aller jusqu'à les faire rompie ? Il est aisé de voir que non ; car, en me servant d'une formule très-simple tirée d'un mémoire relatif à la solidification d'un liquide refroidi au-dessous de son point de fusion, et que M. Ed. Desains vient de publier dans un des derniers numéros des *Annales de Chimie et de Physique* (avril 1862), je trouve que de l'eau refroidie à —1°, et se gelant tout à coup au contact d'un corps à 0°, ne donnerait naissance qu'à $\frac{1}{80}$ de son poids de glace, le reste demeurant liquide et la température remontant a 0°. Par suite, en prenant 10 millimètres pour la quantité d'eau en surfusion tombée dans l'après-midi du 25 décembre 1860, et en donnant à cette eau une température moyenne de —1°, on ne trouve que $\frac{1}{8}$ de millimètre pour l'épaisseur de la couche de glace qui se serait formée de cette manière ; quantité infiniment au-dessous de celle qui s'est réellement produite.

Mais un mot suffira pour compléter cette explication. Le phénomène se passait dans une atmosphère à —1° en moyenne, et renouvelée incessamment par un vent d'Est très-sensible ; or, pendant les 4 ou 5 heures qu'il s'est maintenu dans ces conditions, il a dû produire la congélation d'une grande partie de l'eau à 0°, qui s'étalait sur les objets exposés à l'air, comme les branches des arbres. C'est ainsi que s'est formée certainement la presque totalité de la glace qui recouvrait tous les corps. Je m'explique ainsi un détail curieux que j'ai noté, c'est que la glace qui s'attachait aux branches des arbres pendait au-dessous sous forme de stalactites. Evidemment les gouttes de pluie, s'étalant d'abord sur la couche de glace formée, dégouttaient ensuite de tous côtés, et le vent glacé qui soufflait à travers en congelait une partie sous cette forme. Le fait d'un parapluie sortant d'une chambre et se couvrant de glace n'a plus rien de surprenant ; l'enveloppe si légère qui le compose étant étalée à l'air, prend bientôt la température ambiante et se trouve absolument dans le même cas que les autres corps.

En résumé, d'après cet exemple (le seul que j'aie pu observer complétement), la condition essentielle à la production de grands verglas me paraît être la suivante : une pluie abondante, tombant dans une atmosphère au-dessous de 0°, et se gelant à la surface des corps solides, par suite du phénomène de la surfusion d'une part, et surtout par l'effet du courant d'air froid où se trouvent exposés ces objets.

Cette théorie me paraît suffisante pour expliquer le verglas du 25 décembre 1860, dans tous ses détails. Elle a seulement besoin d'être appuyée sur d'autres observations. Malheureusement pour elle, mais heureusement pour tout le monde, les occasions d'étudier les grands verglas sont rares. Ainsi, pour retrouver dans ces pays-ci un phénomène pareil à celui du 25 décembre 1860, il faut remonter à l'hiver 1854-55, si j'ai bonne mémoire. J'étais au Mans alors, et je fus surpris de la quantité de glace qui se déposait sur les corps les plus légers, comme des feuilles d'arbres, etc. A Vendôme, le phénomène n'était pas moins extraordinaire, puisque dans la cour de M. Boutrais, plusieurs branches du beau magnolia, qui fait l'ornement de son gazon, se brisèrent sous la charge de glace qui s'était accumulée à leur surface.

Lors de ce verglas, je m'étais bien aperçu de l'insuffisance de la théorie ordinaire pour en rendre compte; mais je n'avais pu m'expliquer le phénomène, faute de données suffisantes. En 1860, ayant constaté que le verglas se produisait par une pluie qui me paraissait à 0°, d'après le thermomètre, tombant à travers une atmosphère au-dessous de 0°, je m'étais rendu compte de la formation de la glace sur tous les objets, par la congélation de cette eau à 0° dans cette atmosphère glacée, et c'est en effet la cause principale du phénomène ; mais j'avais omis cette autre circonstance, c'est que les gouttes de pluie sont non-seulement à 0°, mais au-dessous et en surfusion, ce qui complète la théorie. J'ai trouvé cette dernière idée énoncée dans la 2° édition du *Traité de Physique élémentaire*, de MM. Drion et Fernet, qui a paru en mars 1862; j'y lis, page 817, à la suite de la théorie ordinaire du verglas : « La production du verglas peut avoir
« parfois une cause toute différente. Il résulte des observa-
« tions de M. Fournet, que l'eau des nuages et de la pluie
« peut conserver l'état liquide jusqu'à la température de
« —13° environ; mais lorsqu'une goutte d'eau ainsi refroidie
« vient à frapper un corps solide, l'équilibre moléculaire est
« détruit et la congélation a lieu instantanément. On conçoit
« donc que le verglas doive être fréquemment attribué à la
« chute de gouttes d'eau refroidies au-dessous de 0°, et qui
« se congèlent au moment où elles rencontrent le sol. »

M'étant informé auprès d'un des auteurs, que je connais particulièrement, où ils avaient puisé cette théorie nouvelle, j'ai su que Drion l'avait reçue oralement de M. Fournet, mais qu'elle était encore inédite de sa part. Dans une lettre que j'ai reçue tout récemment de ce dernier savant, il m'annonce son intention de publier prochainement ses observa-

tions relatives à ce phénomène. On comprendra que j'attends
son travail avec impatience. Je m'estimerai heureux si je
puis m'être rencontré avec lui, et si mes faibles efforts peuvent avoir contribué à éclaircir un point de la science
météorologique.

Après cette lecture, le secrétaire communique à la réunion
l'extrait suivant d'une lettre de M. Alf. de Martonne, archiviste de Loir-et-Cher :

« J'ai commencé un travail intitulé : *Recherches sur le
Commerce et l'Industrie de la ville de Vendôme depuis le
XVIe siècle jusqu'à nos jours*. Je vous prie de l'annoncer en
mon nom à la Société, et de prier tous ceux qui auraient
quelques renseignements sur cette matière de vouloir bien
me les communiquer, afin de rendre le travail le plus complet possible. Toutes les communications à cet égard seront
reçues avec reconnaissance ; et j'espère, dans une prochaine
séance, donner un aperçu du travail. »

M. l'abbé Tremblay, curé de Villeromain, lit une notice
sur un monument gallo-romain :

NOTICE SUR LA DÉCOUVERTE D'UN MONUMENT GALLO-RO-MAIN ENTRE LANDES ET LANCOME, ANNÉE MIL HUIT CENT SOIXANTE-UN.

Vers la fin de l'hiver de l'année dernière, entre Landes et
Lancôme, à peu près à égale distance de ces deux localités,
à 400 mètres de la rive droite du ruisseau appelé Cisse-Lan-
daise, à la gauche du sentier qui mène directement du Bas-
Rincé au village de Villiers, dans le climat de Malvaux, en
vue du bois de Boulemer, des travaux de terrasse mirent à
nu, à une profondeur moyenne de 40 centimètres, l'aire d'un
vaste édifice, que les gens de la contrée crurent, les uns
l'emplacement d'un château, les autres celui d'une église.
Le bruit de cette découverte se répandit aux alentours et
finit par arriver jusqu'à moi. Ce fut sur des données peu
exactes, amplifiées, mais intéressantes, que je me rendis sur
les lieux, accompagné de deux confrères; il était malheureusement bien tard, je n'ose pas dire trop tard: la science
comme le bien n'accepte pas ce mot ; enfin nous étions à la

mi-juillet. Un espace bouleversé sans intelligence, sur une longueur d'à peu près trente mètres, de l'est à l'ouest, et d'une largeur en moyenne de quatorze mètres, s'offrit à nos regards, nous laissant entrevoir, au milieu d'un amas confus de pierres et de briques, l'aire indéfinie d'un monument ayant appartenu à l'époque la plus reculée de notre histoire, et enfouie là depuis nombre de siècles. Il y a toujours pour l'archéologue, en présence de ces grands souvenirs du passé, un moment d'émotion profonde; l'imagination se hâte de relever les ruines, elle remonte le cours des siècles, elle évoque les générations enserelies qui se dressent devant elle comme des ombres sorties des tombeaux ; elle s'entretient avec elles, et leur demande leur nom, leurs mœurs, et le rôle qu'elles ont joué sur cette scène du monde. Heureux, si nos investigations réfléchies et persévérantes viennent corroborer ces premières émotions, transformer les hypothèses en probabilités, les probabilités en faits acquis et démontrés. Ce sont là ces trésors de science, but de nos intéressantes recherches et de nos ambitions, malheureusement peu comprises du vulgaire.

Je ne puis me flatter d'entretenir les membres de la Société Archéologique de la découverte d'un monument nommé dans l'histoire; mais, à l'aide des quelques fragments recueillis sur place et que je destine à notre jeune musée, il me sera permis de tirer quelques inductions sur l'origine et la destination de ce monument.

Au moment de notre visite, nous n'avons pas rencontré, au milieu des décombres, de pierres portant l'empreinte du ciseau ; elles auraient disparu dans les déblais antérieurs opérés pour livrer le terrain à la culture, ou bien il ne serait resté du monument que les fondations récemment découvertes, ou bien encore cette absence s'expliquerait par le manque de pierres de taille dans la contrée. Cette dernière hypothèse nous semble la plus admissible ; et, dans ce cas, on aurait suppléé à cette indigence par l'emploi de briques larges et épaisses, destinées à former les angles et les ouvertures. Aussi rencontre-t-on de très-nombreux fragments semblables aux spécimens que nous soumettons à votre examen. Nous avons observé beaucoup de tuiles d'une forme spéciale, des fragments de forme convexe qui ressemblent à nos enfaîteaux, beaucoup de débris d'une poterie grossière et de grande dimension. Nous avons été assez heureux pour retrouver trois ou quatre fragments d'une poterie fine rouge et noire, poterie romaine bien caractérisée. Nous avons colligé bon nombre de ces petits cubes noirs et blancs, d'un volume un peu moindre que celui de nos dés à jouer, qui entraient dans la composition d'une mosaïque remarquable, comparée pour l'effet, par les gens qui l'ont vue, à celui des petites dalles en faïence qui recouvrent nos fourneaux. Malheureusement, lors de notre visite, l'assemblage avait entièrement disparu. Nous avons seulement détaché un petit bloc du ciment qui forme le reste de l'aire, que le propriétaire n'a pas encore fait disparaître. C'est une composition de chaux, de sable, de silex et de fragments de brique, semblable d'ailleurs à celle qui a été observée, dans la plaine de Naveil, par notre collègue M. Neilz. Nous avons également recueilli deux ou trois fragments de l'enduit intérieur des murs, recouverts encore d'une peinture rouge, verte et jaune, bien conservée et attestant d'une manière indubitable l'existence de fresques. Enfin nous soumettons à l'examen d'hommes compétents un reste de moulure dont la matière et l'application nous sont inconnues.

Ces fragments suffisent pour nous indiquer l'âge du monument ; nous pouvons lui attribuer avec certitude, et les preuves en main, une origine gallo-romaine. Maintenant, quelle dut être sa destination ? Nous ne prétendons pas donner à cette seconde question une réponse certaine, mais nous croyons pouvoir tirer une induction vers laquelle s'inclinera, je le pense, le sentiment de la majorité. Les grandes dimensions encore apparentes de l'édifice (30 mètres de long sur 14 de large) ne peuvent laisser de doutes sur son importance. La grande quantité de fragments de poterie trouvée sur le terrain atteste que ce fut une maison d'habitation ; la grossièreté de la plupart de ces fragments est l'indice qu'ils proviennent de vases employés à un usage vulgaire, comme l'eût été par exemple le service des esclaves occupés dans une exploitation agricole. A côté de ces fragments grossiers, quelques autres d'une grande délicatesse, une mosaïque, des fresques, nous révèlent une demeure où durent séjourner des hôtes d'un rang distingué. Ces premisses, Messieurs, vous l'avouerez, nous permettent de penser que cet ancien édifice fut une villa romaine, une villa non pas aussi luxueuse peut-être que celles construites par l'architecte Diphilus, et dont s'entretient Cicéron dans une de ses lettres avec son frère Quinctus (¹), une villa avec portique

(¹) Epist. ad Quinct., lib. III, n° 1.

grandiose, péristyle soutenu par une colonnade, vestibule,
mosaïque, salon, chambres à coucher, appartements d'hiver,
salle de bains pour l'été, frais ombrages, fontaines jaillis-
santes, jardins enchantés ; non pas aussi heureusement située
que celle d'Horace, construite sur le versant du Lucrétile,
mais villa dont les habitants pouvaient sans doute répéter,
avec le poëte, en invitant un ami à les y visiter :

> Hìc tibi copia
> Manabit ad plenum benigno
> Ruris honorum opulenta cornu (¹)...

une villa, enfin, possédée probablement par un de ces chefs
militaires qui recevaient, en échange de leur sang consacré
à la défense de l'empire, un de ces bénéfices composés de
terres, d'esclaves et de bétail, et institués par Alexandre-
Sévère (²), propagés par Probus (³), et dont au cinquième
siècle S. Augustin parlait comme d'une institution normale
et universelle (⁴). Ces distributions de terres et de métairies,
faites aux soldats à la condition qu'eux et leurs fils serviraient
à la guerre, sont regardées, dit le savant Dubos, comme
l'origine des fiefs de notre monarchie (⁵).

Cette digression, Messieurs, n'est pas étrangère à notre
sujet. Le monument gallo-romain qui fait l'objet de cette
étude est situé dans le climat qui s'appelle Malvaux ; or,
jusque vers les temps de la révolution française, il y eut
des seigneurs portant le titre de Sirs de Malvaux. On dit
même qu'un des derniers seigneurs de Malvaux a sa tombe
dans l'église de Landes.

Et maintenant, Messieurs, pour terminer, regrettons vivement de ne pas avoir assisté des premiers à la mise au
jour des restes de ce monument, dont les derniers vestiges,
à l'exception de ceux que nous avons pu recueillir, sont
condamnés à disparaître. Je ne doute pas que nous eussions
été dotés d'un plan exact de la majeure partie de l'édifice,
d'un dessin de cette mosaïque, qui attire si fort la curiosité
des gens de la contrée ; nous eussions, au moyen de quelques
sacrifices, dirigé les fouilles, extrait dans leur intégrité peut-
être quelque vase, quelque objet d'ornement portant une
inscription, une date. A coup sûr nous eussions acquis pour

(¹) Hor., Od. XV, l. L.
(²) Vid. Lampridium in Alexandro.
(³) Vid. Vopiscum in Probo.
(⁴) Serm. 1, in Vigil. Peut.
(⁵) Hist. critiq. de la Monarchie française, liv. 1, ch. 9.

notre Musée quelqu'une de ces monnaies d'argent trouvées
audit lieu, et maintenant égarées dans le commerce ou re-
tenues, sans intérêt pour la science, dans la maison de particuliers ignorés. C'est une perte irréparable. Aujourd'hui,
Messieurs, nous ne pouvons mettre sous vos yeux que de
faibles débris, mais débris suffisamment caractérisés pour
appuyer nos conjectures sur l'âge et la destination de ce
monument. Nous les renfermons dans une urne qui appartient probablement à la même époque : quoique d'une provenance étrangère au monument, nous pourrons l'appeler,
si vous voulez, l'urne cinéraire du monument de Malvaux.

J'ai cru devoir ajouter à cette notice un plan destiné à
déterminer d'une manière sûre l'emplacement de la découverte. Et si plus tard on venait à rencontrer, dans un de nos
vieux chroniqueurs, dans Grégoire de Tours, Frédégaire
ou Fortunat, quelque anecdote, quelque fait historique dont
le lieu demeurât à l'état de problème, oublié à cause des
ravages du temps, perdu sous le soc de la charrue qui le
franchit désormais sans obstacles, nous nous féliciterons
qu'un léger travail, par un hasard providentiel, servît un
jour à débrouiller un point d'histoire.

Le secrétaire-adjoint lit, en l'absence de M. Baillet, professeur au Lycée, une communication relative à un groupe
de rochers, auprès de Droué :

A un kilomètre de Droué, se trouve un groupe de rochers
qui occupent une surface d'environ cent mètres de longueur
sur quatre-vingts de largeur. Dans les intervalles qui les
séparent, s'élèvent des chênes grands et vigoureux, dont
plusieurs recouvrent à leur partie inférieure les aspérités de
quelques-uns des rochers, auxquels ils s'adaptent parfaitement. Ces rochers, assez rapprochés les uns des autres, sont
de hauteur inégale : un seul, plus volumineux que tout le
reste, et qui semblerait indiquer une forme à peu près circulaire dans le principe, peut mesurer deux mètres de haut
sur autant de large. Quelle a été jadis la destination de ce
lieu, solitaire aujourd'hui ? La tradition locale en fait une
fabrique d'armes celtiques; et, à l'appui de cette opinion,
on montre à quelques pas de là un rocher presque à fleur
de terre (2 mètres de longueur sur 0,60 à 0,70 de largeur),
connu sous le nom de *Pierre-Cochée*. Les coches ou cannelures, au nombre de 27 ou de 28, sont la plupart très-bien
conservées. Une, entre autres, a le poli du marbre, et, quand

on passe le doigt dessus, on serait tenté de croire qu'elle est faite d'hier. C'est là que les fabricants d'armes aiguisaient les instruments qui sortaient de leurs mains. Ce qu'il y a de certain, c'est qu'un habitant de Droué possède plusieurs haches ou couteaux celtiques en pierre qui s'ajustent merveilleusement à ces cannelures, et qui ont été trouvés par hasard au pied de ce rocher. En faisant appel à son obligeance, on obtiendrait sans doute de lui qu'il les communiquât, et des fouilles conduiraient peut-être à la découverte d'un certain nombre de ces armes anciennes. Le terrain, où l'on voit cette roche, appartient actuellement à M. Breton, médecin, résidant à Vendôme.

M. le comte Lacroix de Rochambeau communique l'extrait d'un manuscrit de la Bibliothèque impériale :

PROCÈS-VERBAL DE LA CÉRÉMONIE DE TRANSLATION DE PLUSIEURS RELIQUES DE LA COLLÉGIALE DE St-GEORGES DANS LES PRINCIPALES ÉGLISES DE VENDOME.

(St George de Vendosme — 1682.)

Cérémonie de la translation des relliques (¹) *des Sts martyrs Candide, Boniface, Donat, Didier, Benoist et de Ste Victoire aussy martyre.*

Aussy tost que Messieurs du chapitre furent informé par Monsieur Venier chantre et chanoine ancien que, suivant la permission de Monseigneur de Chartre il avoit fait solennellement ouverture de certaines boistes scelées en forme avec les autentiques dans les quelles estoient des reliques des dits Sts et Stes deument approuuées.

Mes dits sieurs receuants avec respec la relique de St Candide de la quelle Sr Chantre leur faisoit don pour leur église. Ordonnèrent que tout le clergé de la uille tant seculier que regulier seroit convoqué pour se trouuer en leur dicte église en ce mesme état qu'il a de coutume de s'y trouuer les jours du St Sacrement. Qu'il seroit faict une lettre circulaire imprimée pour enuayer à messieurs les curés de la campagne pour leur donner advis de se trouuer à neuf heures

(¹) On remarquera, dans le cours du procès-verbal, des mots écrits avec l'orthographe du 17ᵉ siècle, et même des fautes grossières. C'est avec intention que nous les avons laissées ; nous aurions cru, en les corrigeant, ôter à notre manuscrit tout son cachet d'originalité.

du matin à la cérémonie qui commença le dimanche vingt-huit de juin mil-six-cent quatre vingt-deux par la grande messe qui fut célébrée par M^r le doyen qui officia à toutte l'office qui fut du commun de plusieurs martyrs, solemne majus, la messe dicte.

Monsieur le basly (¹) avoit donné ordre que cinquante cadests (²) de la ville en armes, le tambour battant avec les trompettes et hautbois précédassent les banières et croix des paroisses. Tout le clergé estant en chappe, au milieu estoient la banière et croix du chapitre qui estoient suivis des corps S^{ts} anciens de l'église sçavoir des St Merat Agille, Joudry (³), Oportune, Godegrau et Théophile en cet ordre. Les s^{ts} corps subdits estoient portés par des personnes en aulbes l'amict (⁴) sur la teste, entuitte estoient de fil les châsses nouvelles, de St Lubin de Ste Victoyre pour la chapelle d'Areine, celle de St Boniface pour les P.P. de l'Oratoire, de St Donat pour les P.P. Cordeliers, de St Benoist pour la Magdeleine, de St Didier pour St Martin — et St Candide pour l'église de Vendosme (⁵) toutes les chasses estoient portées chaqu'une par deux diacres ou clercs en aulbes et tuniques rouges uu...... Au costé de celle de St Candide estoient deux clercs en aulbes et deux enfants portant deux flambeaux garnis des armes du chapitre.

Les rues estoient tendues comme aux jours du sacre. Après la relique de St Candide suivoit Monsieur le chantre au milieu du chœur avec son baston, ensuitte monsieur le doyen en aulbes avec la plus précieuse chappe accompagné de

(¹) *Basly* pour *bailli*.— Les baillis étaient tous gentilshommes, âgés de trente ans au moins, afin de pouvoir conduire la noblesse dans la convocation de l'arrière-ban. Ils avaient tout à la fois le maniement des finances, l'administration de la justice et le commandement des troupes.

(²) Les *cadets* étaient des compagnies de jeunes gentilshommes qui s'exerçaient au maniement des armes, et formaient ce que nous appellerions aujourd'hui une sorte de garde nationale.

(³) St Joudry est un confesseur dont la fête est célébrée à La Ville-aux-Clercs, en Vendomois, le 14 mai. — (Godescard, Vie des Saints, en 10 vol in-8°, t. 3.)

(⁴) *Amict*, linge bénit sur les épaules et la tête du prêtre.

(⁵) *L'église de Vendosme*, autrement dit l'église collégiale de St-Georges. C'était l'église centrale, métropolitaine de Vendôme, à cause de sa position voisine du château et du centre de la ville, lorsque celle-ci s'était formée par l'agglomération des maisons autour du donjon seigneurial.

Monsieur le thrésorier (¹) fesant la fonction de diacre et un chanoine ancien faisant celle de sous-diacre, revêtus des plus précieux ornements, les menestriers de la ville estoient à la teste des corps de la justice ordinaire et extraordinaire qui suivoient en robbes et bonnets, après eux estoient cinquante autres cadets en bon esquipage ; touttes les cloches de la ville, excepté celle des Bénédictins, sonnèrent d'une manière surprenante. La musique de Blois augmenta la beauté de cette austre feule à toutes les stations qui se firent en plusieurs endroits de la ville aussy bien qu'à tout l'office.

La procession étant de retour au chasteau la prédication fut faicte après laquelle chaqu'un emporta processionellement sa relique.

Les pères de l'Oratoire furent accompagnés de la pluspart des bénéficiers, de toutte la musique, les armes et la justice.

Au soir, après vespres la chasse de S¹ Candide fut portée autour de l'église en procession ou fut faicte une prière solemnelle pour Sa Majesté (²).

Monsieur le Basly a faict faire un procès-verbal plus ample qui est au greffe.

Le procès-verbal est suivi de la lettre suivante, qui doit probablement en avoir accompagné l'envoi :

Je vous prie Monsieur d'excuser le copiste et d'avoir la bonté de me renvoyer l'inventaire des reliques quand vous en aurez fait ce dont vous aurez besoin.

Quand j'aurai un peu de temps, je feray ce que je pourrai pour vous donner d'autres lumières et pour vous tesmoigner que je suis avec respec

Monsieur
Votre tres-humble et très-obéissant serviteur
MONST
chanoine
ancien der..... ?

Le dernier août 1682

Pour copie conforme du manuscrit du cabinet de Clérambault :

Cᵗᵉ LACROIX DE ROCHAMBEAU.

(¹) *Chantre - doyen - trésorier* étaient des dignités ecclésiastiques dont les attributions variaient suivant les chapitres dont ils faisaient partie.

(²) Louis XIV.

M. Filly prend ensuite la parole en ces termes :

NOTICE SUR LES CARRIÈRES DE SAINT-ANDRÉ, COMMUNE DE VILLIERS.

Messieurs,

Au nombre des matières qui composent votre programme scientifique, vous avez fait figurer presque en première ligne l'histoire naturelle du pays que nous habitons; vous avez pensé à bon droit que cette étude était digne de vos méditations et de vos travaux.

En effet, décrire la composition géologique d'un pays; rechercher comment elle a pu se produire; quelles ont pu être, à des époques si reculées, sa faune et sa flore; ce qu'elles sont de nos jours: n'est-ce pas là un vaste champ d'observations, du plus haut intérêt pour tous? Le penseur ne voitil pas ses idées s'agrandir et s'élever, lorsqu'il compare la durée si limitée de son existence à ces temps incommensurables, témoins de ces cataclysmes qui ont bouleversé le globe à diverses époques? N'est-il pas alors disposé à secouer ses préjugés et ses préventions, mieux qu'il ne le peut faire par l'étude des quelques générations d'hommes qui l'ont précédé? En dehors de cet intérêt, tout à la fois moral et scientifique, ne fût-ce qu'au point de vue pratique, l'utilité pour tous n'est-elle pas également évidente et palpable? N'est-ce pas la géologie, pour ne parler que d'elle en ce moment, qui guide l'homme et le dirige dans ses fouilles incessantes au sein de la terre, pour en extraire les diverses espèces de pierres, de marbres, et tous les métaux si nombreux dont l'usage est aussi varié qu'indispensable pour tous ses besoins réels ou factices? — Disons-le toutefois et à regret, cette partie de la science, malgré tout l'attrait qui s'y rattache, ne rencontre dans le Vendômois que de trop rares adeptes; indifférence fâcheuse, et d'autant plus fâcheuse que ces quelques personnes se tiennent entre elles dans un isolement complet. Que peuvent alors produire leurs efforts isolés, tant grands qu'ils puissent être? Rien, il faut le dire, rien surtout de vraiment utile pour le pays. Qui ne sait, en effet, ce qui arrive de ces collections, péniblement amassées pendant une vie entière, lorsqu'elles deviennent la propriété d'héritiers? Elles se dispersent de tous côtés, quand elles ne sont pas réléguées dans un coin obscur. Le seul remède à une situation si déplorable, c'est l'union, la fusion de tous les efforts isolés. L'union, c'est la force, c'est le progrès qui naît surtout du

contact d'hommes animés des mêmes idées, des mê nes as-
pirations vers la science et d'un désir égal d'être utile à
leurs compatriotes. Espérons que ce désir si profond sera
compris, et que notre Société n'aura pas à déplorer plus
longtemps ces abstentions regrettables ; elle pourra alors
réaliser son vœu le plus cher. : la réunion sous sa bannière
de tout homme sincèrement ami des études sérieuses et
utiles.

C'est surtout en géologie que cet isolement est à déplorer.
Ce genre d'études demande des déplacements fréquents, pour
peu qu'on veuille étendre le cercle de ses observations ; il
faut des loisirs que ne comporte pas toujours l'exercice d'une
profession. Combien il serait avantageux pour tous si chacun,
opérant dans sa circonscription, apportait à la Société le
produit de son travail ! En peu de temps le tableau, puis la
carte géologique de ce pays pourraient être faits ; autrement,
faute d'un concours si utile, vous ne procéderez qu'avec len-
teur et presque avec indécision.

Ces trop longues considérations posées, qu'il me soit permis maintenant, Messieurs, de faire appel à toute votre bienveillance ; ce n'est pas un traité scientifique que j'ai la prétention de vous soumettre, c'est tout simplement un exposé
sommaire et très-sommaire de ce qu'il m'a été donné de
voir et d'examiner, dans un petit rayon, à quelques kilomètres de Vendôme.

Au lieu de Saint-André, commune de Villiers, existent
des carrières considérables de pierres dites bâtardes. Saint-
André n'est pas à proprement parler un hameau, bien qu'il
existe quelques habitations éparses, c'est plutôt le nom donné
aux carrières. Le hameau, c'est le Gué-du-Loir, si connu
par le refrain populaire. C'est à ce hameau que se termine
en pointe le mamelon dans le sein duquel sont déposées les
masses énormes de pierres composant les carrières ; ce mamelon est compris entre la rivière si poissonneuse du Boulon,
qui venant d'Azé se jette au Gué-du-Loir dans la rivière du
Loir, et entre cette même rivière qui coule à ses pieds au
midi dans toute sa longueur. Il se déploie au-dessus du Loir,
en forme d'amphithéâtre à pentes abruptes et escarpées,
dans une étendue d'un kilomètre environ, et avec une altitude qui peut atteindre trente mètres au-dessus du niveau
de cette rivière ; rien de plus pittoresque que cette côte
dominant la charmante vallée du Loir, et d'où l'on découvre
le château de Rochambeau, avec ses vastes ombrages, et le

village de Thoré, surmonté de son clocher gothique, et, plus au loin, Vendôme, avec ses clochers et les ruines de son vieux château !

Çà et là, sur cette côte, d'énormes rochers aux formes les plus bizarres surplombent et menacent de s'écrouler. Leur épaisseur est sillonnée par des couches parallèles de silex assez gros, se reproduisant à d'assez faibles intervalles. Au sommet, une longue bande de rochers couronne les hauteurs d'une manière presque continue, puis est interrompue brusquement par quelques rocs jetés pêle-mêle.

Au sein de cette masse de pierres, l'homme s'est créé des habitations souterraines ; c'est là que demeurent les carriers, population peu aisée en général, sans être néanmoins misérable. L'outillage, il faut bien le dire, est encore bien primitif, c'est peut-être ce qui explique ce peu d'aisance que l'on trouve parmi ces carriers. C'est au moyen de puits et de galeries qu'a lieu l'exploitation. Le puits est peu profond, cinq à six mètres au plus, que l'on descend avec une échelle adossée verticalement à l'une des parois. Les galeries sont hautes d'étage ; quelques-unes sont longues de plusieurs hectomètres ; quant à la profondeur, elles ne peuvent y atteindre à cause du niveau du Loir ; au dire des carriers, il y aurait submersion de leurs travaux.

Depuis quelle époque ces carrières sont-elles exploitées ? C'est ce qu'il ne m'a pas été donné d'apprendre. Il faut croire, d'après les ouvriers, que c'est depuis une époque éloignée. A quelle nature de terrain appartient les roches qui les composent ? La réponse à cette question est facile : au terrain crétacé inférieur, ou terrain secondaire, selon la classification allemande ; on y rencontre très-peu de fossiles ; quelques ostrea-carinata bien dentelées, très-rarement avec leurs deux valves, le plus souvent avec une seule ; quelques térébratules, celle dite térébratula-octiplicata en assez grande abondance ; puis une espèce de coquillage ressemblant à l'exogira virgula, coquille particulière au terrain jurassique, situé au-dessous du crétacé. Quant aux débris d'animaux vertébrés, les seuls qu'on y trouve et assez fréquemment, ce sont des dents de fossiles de squales ou requins, la seule espèce de vertébrés avec la grande famille des sauriens qui existât dans ces époques reculées ; les dents sont d'une conservation parfaite, très-pointues et tranchantes des deux côtés comme les dents de leurs congénères vivants.

Plus loin, de l'autre côté de la rivière du Boulon, au lieu

de La Chalopinière, commune d'Azé, à une altitude pareille à celle des carrières de Saint-André, se trouve une cave creusée dans un terrain calcaire, appartenant à la même zone. Le ciel de cette cave est littéralement tapissé de coquilles amalgamées dans une espèce de tuffeau d'une épaisseur d'un demi-mètre environ ; ces coquilles sont d'abord et en grand nombre la même espèce de coquilles ressemblant à l'exogyra virgula, puis le spatangus *cor anguinum,* que l'on retrouve plus souvent dans le crétacé supérieur. La roche est tendre, sans grande consistance, c'est du tuffeau blanchâtre, impropre aux constructions.

J'ajouterai enfin que, dans les roches qui composent la côte de Saint-André et celle de La Chalopinière, l'on ne remarque pas l'empreinte de l'infusion volcanique, qui ne s'observe guère d'ailleurs que dans les montagnes des Alpes et des Pyrennées, ou dans leur voisinage. On retrouve bien ces dis'ocations qu'a produites sur le sol en le soulevant la masse en ignition au sein du globe ; il y a bien eu ces gonflements qui ont fait émerger les terres, et causé ces accidents du sol appelés monticules et vallées ; mais nulle part, malgré les fouilles profondes opérées à Saint-André notamment, on n'a pu découvrir que la matière volcanique se soit fait jour au travers de ces terrains de sediment ; le calcaire est resté pur de tout alliage, de tout métamorphisme. — La roche n'est injectée ni de trachyte, ni de basalte, ni de granit, ni de porphyre, en un mot d'aucune de ces substances considérées comme provenant de matières ignées. Elle ne contient ni filon métallifère, ni cristallisation quelconque, quartz ou cristal ; d'où l'on doit conclure que le soulèvement a eu lieu lentement et sans déchirement, sans ces convulsions terribles qui ont complétement bouleversé le sol de certains pays, tout en les enrichissant de produits d'un prix inestimable pour l'homme.

Non loin de Saint-André, pour ainsi dire en face, de l'autre côté du Loir, il existe d'autres carrières de pierres très-connues au point de vue archéologique, surtout par les découvertes qui y ont été faites, même tout récemment, nous voulons parler des carrières du Breuil, commune de Thoré. Elles feront l'objet d'une prochaine étude, que nous soumettrons, Messieurs, à votre bienveillante appréciation.

M. le président exprime le regret que M. Bouchet, bibliothécaire de la ville, n'ai pu terminer son travail sur les sépultures gallo-romaines; il annonce qu'il sera lu à la prochaine réunion.

Le secrétaire dit que les membres de la Société désignés pour la représenter au congrès des délégués des sociétés savantes, ont assisté à ses séances qui ont offert un vif intérêt; il ajoute qu'un compte-rendu sera adressé à notre Société et déposé dans nos archives.

M. Mareschal fait précéder la lecture de la pièce de vers qui suit, de quelques paroles qui en expliquent l'origine :

LES GLOIRES DE POITIERS.

Chant composé pour l'Orphéon de Vendôme, et son concours à Poitiers en 1858.

SUR LE THÈME MUSICAL DU NOEL :

Nous voici dans la ville... (Imposé par le compositeur.)

LES POITEVINS.

Qui donc vient dans la ville
Sans montrer ses papiers?
Peut-on donner asile
A tous les étrangers?

LES VENDOMOIS.

Pour l'antique cité domaine des Guillaume
Nous avons préparé notre plus digne chant.
Montrons-lui, comme amis, le lion de Vendôme (¹),
Et comme troubadours, la médaille d'argent (¹).

LES POITEVINS.

Entrez, entrez en ville,
Amis et troubadours.
Chantez... Qu'au plus habile
Soit le prix du concours.

I.

LES VENDOMOIS.

Poitiers !... en traversant la campagne voisine,
Pensifs nous écoutions les bruits de ton passé;
Lusignan nous disait : Ici fut Mélusine (²),
Et le marteau des Francs s'entendait à Vouillé (³).

(¹) Armes de la ville. — Médaille obtenue à Angoulême.
(²) Fée célèbre de la chevalerie.
(³) Les Wisigoths battus par Clovis, les Sarrazins par Martel.

Puis, du midi de la comté,
C'était d'autres bruits qui venaient :
Des escadrons qui se heurtaient ;
De pâles Gascons qui fuyaient,
D'un pas leste et précipité.
Mais Joyeuse, alte-là..... ta victoire est un songe
Tant que Poitiers ne donne pas.
Sitôt qu'on eût crié : C'est Poitiers et Saintonge !
Henri fut vainqueur à Contras (¹).

LES POITEVINS.

Orphéon de Vendôme,
Chante encore une fois,
La cité des Guillaume
Est sensible à ta voix.

II.

LES VENDOMOIS.

Poitiers, dans tes lieux saints, sous l'ombre et le silence,
Dort Saint Hilaire, apôtre de la foi,
Et Radégonde aussi, femme d'un roi de France (²),
Mais que bientôt un Dieu voulut pour soi,
Dis-nous, sont-ils bien morts ? puisque dans ton enceinte
Ton évêque du saint fait revivre la voix,
Et que la charité de ta patronne sainte
Est toute entière à Sainte-Croix (³).

LES POITEVINS.

Que ta voix est touchante,
Orphéon vendomois !
Ah ! chante encore, chante
Une dernière fois.

III.

LES VENDOMOIS.

Eh bien, je vais chanter trois hautes épousées
A la cour de nos rois si longtemps encensées,
Poitevines de grand renom.
Chantons d'abord la sage Maintenon,
Epouse du grand-roi, pieuse autant que belle ;
Diane, Montespan ....

(¹) Henri IV.
(²) Clotaire 1ᵉʳ.
(³) Communauté de religieuses fondée à Poitiers par la sainte.
Prospère encore aujourd'hui.

LES POITEVINS.

Tais-toi, cher orphéon.
La vertu seule est immortelle;
Des célébrités sans vertus,
On les raconte, on ne les chante plus. —
Ayez donc bonne chance,
Amis et troubadours,
Qui chantez la vaillance
Et les pieux amours.
Que votre domicile
Soit Vendôme ou Poitiers,
Vous pourrez dans la ville
Revenir sans papiers.

LES VENDOMOIS.

Oui, chantons la vaillance
Et les pieux amours;
Et si notre espérance
Triomphe à ce concours,
Amis, dans votre ville
Nous viendrons volontiers
Redemander asile
Aux Gloires de Poitiers.

M. le président consulte l'assemblée sur le mode de l'é-
lection qui se fera à la réunion du mois d'octobre; il est
décidé que le Bureau présentera une liste de noms, parmi
lesquels la Société pourra choisir un vice-président et les
autres membres sortant du Bureau; mais que cette liste, qui
aura surtout pour but de s'assurer à l'avance que les fonctions seraient acceptées par les membres proposés dans le
cas où ils seraient élus, ne sera nullement limitative, et que
le choix pourra être fait en dehors des noms qui y seront
portés.

L'ordre du jour étant épuisé, la séance est levée.

Le Secrétaire,

LAUNAY.

Vendôme. Impr. et Lith. Lemercier.

SOCIÉTÉ ARCHÉOLOGIQUE

DU VENDOMOIS

RÉUNION DU 9 OCTOBRE 1862.

La Société Archéologique s'est réunie en séance générale le 9 octobre, à 1 heure, dans les salons du Musée, sous la présidence de M. E. Renou.

Étaient présents:

MM. E. Renou, président; Launay, secrétaire; Ch. Chautard, secrétaire-adjoint; G. Boutrais, trésorier; Nouel, conservateur; Queyroy, conservateur-adjoint; l'abbé Bourgogne, J. Chautard, H. de Brunier, Bouchet, P. Rolland, membres du bureau.

Et MM. Beaumetz, Bellenoue, Boutrais Eugène, Bozérian, Bruland, Caille, curé, Chautard Émile, Chautard Marcel, Deshayes, Duriez, Fontémoing, Fortier, Gendron Octave, Hème, Imbault, Lacroix de Rochambeau, Lehoux, de La Hautière, de Lavau père, de Lavau Adrien, de Lavau Charles, de Lavau Gaston, de la Panouze, de la Sausaye, Mareschal-Duplessis, de Martonne père, Martellière Bourgogne, de Ménibus, Merlet, de Massol, Maugas, de Montéclain, de Monterno, de Nadaillac, Noulin, Pestrelle, Pompei, de La Rochefoucault, l'abbé Roullet, de Saint-Venant, de Trémault Gédéon, l'abbé Thiennet, l'abbé Tremblay, Vallée, membres de la Société.

M. le Président a déclaré la séance ouverte, et a prié le secrétaire de donner communication de la liste des nouveaux adhérents reçus par le bureau depuis la réunion du 10 juillet dernier. Ce sont MM. Mac-Leod à Villiers, Filleau à Blois, Moisson à Vendôme, le docteur Lunier à Blois, Maugas à Vendôme, Martin, pharmacien à Oucques, Brossier à Châteaudun, Fortier à Villiers, de Brunier Abel à Lunay, Chauvin Félix, juge à Gien, de Trémault Auguste à Paris, de la Saussaye, membre de l'Institut, Chautard Henri à Vendôme.

M. le Président donne ensuite la parole à M. le conservateur.

DESCRIPTION SOMMAIRE

des objets offerts à la Société depuis la réunion du 10 avril jusqu'à celle du 9 octobre 1862.

Messieurs,

Depuis notre réunion du 10 avril, le Musée s'est enrichi d'un grand nombre d'objets intéressants dont voici la description sommaire :

Je suivrai dans cette liste l'ordre suivant : Objets d'Antiquité, de numismatique ; objets d'art ; échantillons d'histoire naturelle ; archives.

I. OBJETS D'ANTIQUITÉ.

1. Débris de vases en poterie rouge, et briques, trouvés au château de la Mézière, et offerts par M. de Déservillers.
2. Un glaive et un poignard trouvés dans un cercueil en pierre enlevé du cimetière de Coulommiers. Don de M. le curé Guillon.
3. Trois fragments de mosaïque trouvés à Verdes (Loir-et-Cher). Don de M. Vallée, jardinier fleuriste.
4. Débris de poterie romaine, fragments de mosaïque et de peinture à fresques trouvés entre Landes et Lancôme par M. l'abbé Tremblay et offerts par lui (¹).
5. Une urne funéraire gallo-romaine. Don du même.
6. Une tuile provenant du toit de l'église d'Espéreuse et portant la date de 1589. Don de M. Gédéon de Trémault.
7. Deux fragments de vases romains.
8. Un encrier en marbre offert par M. Launay.
9. Urnes funéraires ; cruches (gutta), biberons, assiettes gallo-romaines en terre rouge et grise provenant de fouilles faites à Néris, Vichy, Varennes, Toulon (sur Allier) ; total : 23 pièces bien conservées.

(¹) Voir la notice lue par M. l'abbé Tremblay, séance du 10 avril 1862.

Deux lampes gallo-romaines à reliefs.

Deux urnes lacrymatoires en verre.

Petit vase étrusque.

Miroir romain en métal.

Deux Vénus et une tête d'Isis en argile blanche, de Toulon (sur Allier). — Tous ces objets intéressants sont donnés par M. A. Queyroy.

10. Assiette en faïence hollandaise. Don de M. Maugas.

11. Statuette de Vierge en bois sculpté donnée par M. Beauvallet.

12. Petit poignard de style Renaissance offert par M. Martin, pharmacien à Oucques.

13. Deux perles en verre gallo-romaines, trouvées dans les fondations de la fontaine *Godineau*. Don de M. Jules Chautard.

14. Écuelle en étain trouvée aux environs de Fréteval et donnée par M. Chautard (ancien pharmacien).

15. Deux petites urnes funéraires du moyen âge,
Deux cruches funéraires du moyen âge. — Ces objets sont offerts par M. A. Queyroy.

16. Une hache celtique. Don de M. Nouel.

17. Fragments d'enduits peints à fresque ; poteries et briques ; une clef gallo-romaine, Ces objets ont été trouvés dans les fouilles entreprises à Pezou aux frais de la Société et sous la direction de M. H. de Brunier.

18. Montre à répétition laissant voir le mouvement et la sonnerie ; belle pièce de la fin du XVIIIe siècle, offerte par M. Rolland, négociant à Paris.

II. NUMISMATIQUE.

1. Plusieurs médailles offertes par Mme Lelibon.

2. Deux monnaies, dont une en argent trouvée au pont de Courtiras. Don de M. Lacordaire.

3. 20 pièces dont 14 romaines, 1 monnaie française, 2 jetons français, 1 poids, 1 plaque ou fibule mérovingienne, 1 objet indéterminé. — Ces pièces ont été trouvées dans une fondation faite à Pezou par M. Douaré, tonnelier, qui en fait don à la Société.

4. Une pièce de six livres de Louis XIV.
Une médaille de Henri IV trouvée à Lislette. — Ces deux objets sont offerts par M. Garreau, à Lislette.

5. Une pièce de monnaie donnée par M. Maugas.

6. Une autre offerte par M. Chalopin (peintre).

7. M. de Monterno, propriétaire du château de Belair, a

remis pour le Musée un lot de 221 pièces, la plupart
étrangères que M. Bouchet a examinées, et parmi les-
quelles il a remarqué :
Une monnaie du pape Innocent XII (fin du XVII° siècle).
Une de Jacques II, roi d'Angleterre.
Une de S'anislas, roi de Pologne, frappée en 1792, 26
    ans après sa mort.
Plusieurs monnaies d'Espagne du XVII° siècle,
    Parmi les pièces françaises :
Un jeton à l'effigie de Richelieu.
Un jeton très bien conservé de Marie-Thérèse, femme
    de Louis XIV.
Un de Louis XIV, remarquable comme gravure.
Enfin plusieurs pièces obsidionales.
8. Une pièce de Foulque d'Anjou.
    Une du Mans.
    Une de Vendôme. — Toutes trois en billon, provenant
        de la trouvaille d'Hottot en Auge (Calvados).
    Trois pièces esterling (anglaises) en argent, d'Édouard II,
        de la trouvaille d'Authon, (arrondissement de Vendôme).
    Ces diverses pièces sont offertes par M. Jules Chautard(²).
9 Le même membre nous offre 54 pièces françaises, romaines et jetons en cuivre.
10. Cinq pièces en billon données par M. Émile Chautard,
médecin.
11. Une monnaie de Charles le Chauve et un poids d'Espagne donnés par M. Auguste de Trémault.
12. Une médaille en bronze, commémorative du voyage du
Czarewitch, aujourd'hui l'empereur Alexandre II, à Saar-
dam, et 6 monnaies françaises et étrangères, offertes par
M. Devaux, professeur au Lycée,
13. Petit poids d'Espagne trouvé au Chastelier (canton de
Savigny). Don de Mme Comte-Mareschal.

III. OBJETS D'ART.

1. Médailllon de Francklin en terre de Chaumont, signé J.
B. Nini, 1777.
2. Louis XVI. Médaillon grand module en terre de Chaumont, signé J. B. Nini. 1780.
    Marie-Antoinette. Médaillon semblable, 1779 — Ces
    deux belles pièces sont offertes par M. Chalopin.
3. Un dessin à la plume signé Pujet.

(¹) Elles sont le sujet d'une note lue à la séance de ce jour.

4. Un buste en terre cuite d'un personnage du XVIIIe siècle.

5. Façade de la Trinité, dessin à la sanguine fait à la chambre noire par M. Mareschal

6. Cadre en bois doré et sculpté.

Ces quatre derniers objets sont offerts par M. Launay.
Copie du portrait de Jacques-Maillé de Bénehart, gouverneur de Vendôme, d'après l'original qui se trouve au château de Rochambeau. Don de M. Queyroy.

7. M. Queyroy offre encore 3 dessins;
Antoine de Bourbon, roi de Navarre et duc de Vendôme à

8. l'âge de 40 ans.
Jeanne d'Albret à l'âge de 35 ans, manière de François Clouet.
Henri de Bourbon, roi de Navarre, d'après Pierre de Moustier.
Les originaux de ces trois portraits sont au Cabinet des Estampes de la Bibliothèque Impériale.

9. M. Pothée, né à Montoire, membre de l'Assemblée Nationale. Portrait dessiné par Moreau, gravé par Voyez.

10. Almanach pour trente ans depuis 1775, avec les fêtes mobiles.
Phases de la lune, etc., etc., dédié à la reine, par Leguin, suivant les observations de MM. de l'Académie royale des Sciences.
Ces deux objets sont encore dus à la générosité de M. Queyroy.

11. Portrait-miniature sur ivoire de la fin du XVIIIe siècle. Don de M. Soudée.

12. Portrait du XVIIe siècle. Peinture à l'huile offerte par M, Launay.

13. Petite statuette en bois représentant la Jeunesse qui se rit de la Mort (XVIIe siècle). Don de Madame Guigniard, née de Trémault.

14. Vue du château de Bénehart, canton de la Chartre. Don de M. Lacroix de Rochambeau.

15. Coffret en bois garni de velours destiné à recevoir les têtes de Maillé de Bénehart et de Robert Chessé. Sur une plaque en cuivre placée extérieurement sera gravée une inscription portant les noms et qualités de ces deux personnages. Don de M. Charles de Lavau.

IV. ÉCHANTILLONS D'HISTOIRE NATURELLE.

1. Fragment d'ivoire fossile (département des Ardennes). Don de M. Octave Gendron.
2. Une valve d'Ostrea des carrières de Thoré. Bel échantillon donné par M. Hème.
3. Quelques fossiles des terrains des environs de Vendôme, offerts par M. Émile Chautard.
4. Fossiles du terrain crétacé des environs, parmi lesquels une dent de squale. Don de M. Filly, avoué.
5. Trois coquilles fossiles des carrières de Rochambeau. Don de M. Lacroix de Rochambeau.
6. Une valve d'Ostrea provenant de la carrière de Lubidé, donnée par M. Neiltz, propriétaire de ladite carrière.
7. Un oiseau empaillé du genre grèbe (nodiceps), tué par M. Poulot, qui en fait hommage à la Société.
8. Plusieurs minéraux provenant des Pyrénées. Don de M. Nouel.
9. Quelques fossiles donnés par M. Desvaux, de Mondoubleau.

MM. Bourgeois et Delaunay, professeurs à Pont-Levoy, s'occupent de réunir une série complète des fossiles de l'arrondissement, qu'ils se proposent d'offrir à notre Musée.

V. ARCHIVES.

Enfin nos archives se sont enrichies d'un certain nombre de pièces intéressantes.

1. La Société d'Émulation du département de l'Allier nous fait hommage de la collection de ses bulletins.
2. Notice des objets d'art, d'antiquité et de curiosité, etc. exposés à Moulins en 1862, envoyée par M. Queyroy.
3. Rapport sur les archives départementales de Loir-et-Cher pour l'année 1861, par A. de Martonne, archiviste du département (hommage de l'auteur).
4. Périodicité des Grands Hivers par M. E. Renou, extrait de l'Annuaire de la Société Météorologique de France.
5. M. de Trémault (Gédéon) nous offre plusieurs pièces intéressantes : 1° Un parchemin contenant une bulle d'Innocent X, accordée au couvent de la Virginité. — 2° Une ordonnance du Bailly des duché et province du Vendomois, de 1689. — 3° Une ordonnance du lieutenant-général civil et de police de la ville, prévôté et baillage de Vendôme, sur le mesurage, plaçage, jalage et boisselage des grains, de 1715. — 4° Invitation au convoy de dame Cadot, de 1715.

6. Aveu rendu à Jehanne d'Albret, reine de Navarre, mère, tutrice, et légitime *Administraresse* des personne et biens de Monseigneur le Prince de Navarre, depuis Henri IV, duc du Vendomois, seigneur châtelain des Châtellenies de Montoire et des Roches-l'Évêque, par Nicolas de Dampmartin, écuyer, seigneur de Villeprouvaire, pour raison des dites Châtellenies de Montoire et des Roches (6 septembre 1571). Don de M. Auguste de Trémault. — Pièce remarquable par son étendue et les détails intéressants qu'elle donne sur le manoir de Villeprouvaire, sur toutes les localités ou propriétés situées dans la paroisse de Lunay ; enfin sur quelques familles de l'époque. Mais ce qui rend surtout cette pièce curieuse, c'est le grand nombre de vassaux du seigneur de Villeprouvaire qui s'y trouvent énumérés. On n'en compte pas moins de 1072. Aussi cet aveu est-il un véritable manuscrit de 66 pages in-folio, d'une belle écriture du temps. Il mériterait d'être l'objet d'un travail spécial.

Tels sont, Messieurs, les divers objets qui sont venus augmenter votre collection, et dont la liste ne vous aura pas, je l'espère, paru trop longue, puisqu'il s'agit de l'inventaire de nos richesses. Si l'on remarque que tout ce qui est ici sous vos yeux est le résultat de purs dons datant d'un an à peine, et que nos ressources trop restreintes ne nous ont pas permis d'augmenter la collection par des acquisitions, on ne peut que se féliciter de l'empressement que les Vendomois ont mis à répondre à l'appel qui leur a été fait pour la fondation d'un Musée. Espérons que, grâce au zèle et à la générosité de tous, cette collection continuera à prendre un développement qui réponde aux vœux de chacun.

M. le Président annonce à l'assemblée que M. Lacroix de Rochambeau a fait éditer la biographie de Maillé-Bénehart lue à la séance du 10 avril dernier. Cette brochure contient un portrait gravé de Maillé-Bénehart, dû au talent de M. Queyroy. L'auteur se propose d'offrir cette biographie aux cinquante premiers adhérents à la Société Archéologique.

La parole est au Secrétaire.

» Messieurs,

« Il y a quelques mois, nous fûmes informés que le dolmen de La Chapelle-Vendomoise était menacé de destruction par son propriétaire, le sieur Richomme, et que les débris devaient servir à l'empierrement des routes.

« Nous résolûmes de faire tous nos efforts pour empêcher cet acte de vandalisme et pour conserver ce monument de l'antiquité, l'un des plus intéressants de nos contrées.

» Sachant que les prétentions du sieur Richomme étaient très-élevées, et que la Société ne pouvait, en raison de l'exiguïté de ses ressources, faire à elle seule l'acquisition de ce monument, nous nous adressâmes à M. le Préfet de Loir-et-Cher pour qu'il voulût bien solliciter une allocation du Conseil général, qui s'était déjà préoccupé de cette question il y a une dizaine d'années.

« La demande que nous faisions était accompagnée d'un acte conditionnel fait avec le sieur Richomme, par lequel, moyennant 500 francs, il cédait au Département ou à la Société le dolmen et environ 7 ares 44 centiares nécessaires pour entourer le monument et lui ménager une avenue se dirigeant vers la route de Blois à Vendôme.

« Cette demande, arrivée quelques jours seulement avant la réunion du Conseil général, ne put être accueillie.

« Nous reçumes avis, quelques jours après, par M. de Martonne, archiviste du département, que M. de La Saussaye, membre de l'Institut, et M. Leon Noël, propriétaire à Saint-Bohaire, désireux, comme nous, d'empêcher la destruction projetée, offraient de contribuer chacun pour une somme de 100 francs, dans le cas où la Société se déciderait à faire elle-même l'acquisition du dolmen.

« Ces Messieurs, en effet, sur la demande du secrétaire, répondirent qu'ils tenaient cette somme à notre disposition. M. Léon Noël ajoutait qu'il avait le projet de traiter pour son compte de l'acquisition du dolmen et de la pièce de terre qui le renfermait, si le sieur Richomme ne voulait pas élever ses prétentions trop haut.

« Nouvelle lettre du secrétaire à M. Léon Noël, dans laquelle il lui faisait envisager que le marché conditionnel fait avec le sieur Richomme devenait nul au 19 octobre prochain ; que, par conséquent, il fallait traiter avec lui avant cette époque, et surtout nous en informer avant notre réunion générale du 9 octobre, afin que l'assemblée pût décider si elle donnerait suite au projet d'acquisition par la Société, ou si elle y renoncerait.

« Après différents pourparlers et correspondances, M. Léon Noël a enfin annoncé qu'il se chargeait de l'acquisition, et que, reconnaissant la part que la Société avait prise dans cette affaire, son intention était de lui faire don du dolmen. »

L'assemblée exprime sa satisfaction de voir cette affaire terminée, et prie M. le président d'adresser ses chaleureux remerciements à M. Léon Noël.

M. le Trésorier expose en ces termes la situation finan‑ cière de la Société:

Messieurs,

L'ordre du jour de notre séance est tellement chargé, que j'ai dû me faire un devoir de vous présenter le plus rapidement possible la situation financière de notre Société.

Je m'empresserai donc de vous dire tout de suite, que cette situation est satisfaisante. Malgré les charges relativement énormes qui ont incombé à notre modeste budget, il a pu se maintenir en équilibre et faire face à des dépenses imprévues, qui l'auraient fait sombrer sans les adhésions nombreuses que nous avons reçues depuis notre première réunion générale. Trente-sept membres nouveaux se sont fait inscrire depuis lors. Je suis sûr d'être l'interprète de tons en attribuant ce concours à l'heureuse influence des deux hommes qui nous président, et à celle des discours dans lesquels ils ont si bien exposé et fait comprendre le but de notre société et la part d'utilité que chacun de ses membres peut y apporter.

La publication du compte-rendu de nos séances est la première et la plus importante des dépenses imprévues que je viens de signaler. Légère d'abord, grâce à une combinaison proposée par l'administration du journal le *Loir,* elle ne tarda pas à devenir très-lourde; dès le 3ᵉ numéro, l'importance, la nature et l'étendue de notre publication dépassant le cadre du journal, il fallut prendre à notre charge les frais de composition et les ajouter à ceux de tirage et de papier, ce qui en porte le prix à 39 francs par feuille de 16 pages d'impression à 200 exemplaires. Chaque bulletin de deux feuilles, comme celui que vous venez de recevoir, revient donc à 78 francs.

A cette première dépense imprévue est venu s'ajouter le loyer de l'appartement qui nous abrite aujourd'hui. Vous vous rappelez, Messieurs, que, lors de notre réunion d'avril, l'assemblée émit le vœu d'être chez elle, afin de pouvoir tenir ses séances au milieu de nos collections. On s'est empressé de satisfaire à ce vœu. Vous voyez de quelle manière nous vous avons logés; ce n'est pas somptueux, ni même élégant, mais c'est suffisamment vaste, commode, dans une position bien centrale; c'est une vraie trouvaille qu'a faite là notre commission; et, en contemplant ces vénérables murailles, je serais presque tenté de dire: une trouvaille archéologique. La chose ne nous en coûte pas moins 180 francs par an, et c'est grâce aux recettes extraordinaires que le trésorier, autorisé par une déclaration du bureau en date du 10 juillet, a pu faire face aux frais qu'ont entraînés la publication du Bulletin et le paiement du 1er semestre de notre loyer, qui doit échoir le 24 décembre prochain.

Notre chapitre Ier a donc été absorbé en entier, et, malgré l'allocation qui lui a été accordée le 10 juillet sur les recettes extraordinaires, il a été obligé de faire un emprunt au chapitre IV, celui des Dépenses imprévues, il en a été de même du chapitre II. Le chapitre III, *Fouilles et Recherches archéologiques*, présente un boni de 84 fr. Le chapitre IV a encore 1 fr. 96 à son crédit: le fonds de réserve est resté intact.

La recette prévue était de. . . . . 400 f »
La recette extraordinaire s'est élevée à. . 185 »
La recette totale a été de . . . . 585 »   Recettes. . . . . 585 »
La dépense prévue de. . . . . 400 »
La dépense effectuée est de. . . . . 444 04   Dépenses. 444 04
Le solde de compte est donc de. . . . . . . 140 96   Reste en caisse. 140 96
au bénéfice de la caisse. — Sur cette somme il reste à recouvrer 7 cotisations ou 35 fr.

C'est peut-être le moment de vous entretenir des démarches qui ont été faites dans le but de procurer à notre Société naissante un appui financier dont elle a un si grand besoin. M. le Ministre de l'instruction publique a répondu que, d'après une décision récente, les sociétés du genre de la nôtre ne seraient reconnues qu'après une certaine durée d'existence.

Le Conseil général a répondu à notre demande de subvention que les ressources départementales ne lui permettaient pas de nous donner le témoignage d'intérêt que nous sollicitions.

Enfin le Conseil municipal de Vendôme n'a point encore été mis en demeure de nous prouver ses sympathies et sa générosité.

C'est donc à l'aide des seules ressources de la Société que je vais établir le budget de 1863.

Les recettes prévues s'élèveront à	600 f. »
Le produit des diplômes, défalcation faite des frais d'impression, sera de.	100 »
Le reliquat de compte de l'exercice de 1862 est de	140 96
Recette totale. . . .	840 96

Je vous propose de porter au chapitre I, Frais d'administration.	100	»
Ch. II. — Achat et entretien des collections.	100	»
Ch. III. — Fouilles et recherches archéologiques	100	»
Ch. IV. — Dépenses imprévues.	50	»
Ch. V. — Fonds de réserve.	80	»
Ch. VI. — Loyer.	90	»
Ch. VIII. — Impression du Bulletin	320	96
Total.	840	96

Tel est le budget que le trésorier a l'honneur de soumettre à votre approbation.

Il sera nommé une commission de trois membres chargée de vérifier les comptes du trésorier. Le secrétaire de cette commission présentera son rapport dans la séance de janvier.

Un membre propose d'élever la cotisation à 10 francs. Le président dit que cette question a été agitée dans le bureau, qui a cru devoir l'ajourner. M. le vicomte de La Rochefoucault se lève, et demande la permission d'ajouter au budget ce qui lui manque pour compléter la somme de mille francs. Cette proposition est accueillie par les unanimes applaudissements de l'assemblée.

On procède ensuite à l'élection du Vice-Président. M. de Saint-Venant, ancien ingénieur en chef, obtient 36 voix sur 54 votants. Il est proclamé vice-président.

Trois membres du bureau devant, aux termes du règlement, sortir de droit à la fin de l'année, le sort désigne MM. de Brunier, l'abbé Bourgogne et Queyroy. Il est procédé à

l'élection des trois membres qui doivent les remplacer;
M. l'abbé Tremblay obtient 48 voix, M. Lacroix de Rochambeau, 25, et M. de la Sausaye, capitaine du génie, 22.
Ces trois Messieurs sont proclamés membres du bureau, et
entreront en fonctions, ainsi que le vice-président, le 1er
janvier 1862.

M. Bouchet, bibliothécaire, a la parole.

Messieurs,

Notre honorable secrétaire vous a entretenus, lors de notre
avant-dernière réunion, de certains puits trouvés dans la
commune de Thoré, qui paraissent avoir autrefois servi de
sépulture. Il nous a fait connaître de semblables découvertes
qui avaient eu lieu déjà, soit à Baugenci, soit en Vendée,
dans la commune du Bernard, soit enfin à Pouzauges près
de Nantes. La science archéologique se préoccupe beaucoup
aujourd'hui de ce fait nouveau, et se demande, non pas
quelle pouvait être la destination de ces fosses (elle ne saurait être douteuse), mais quelle en est l'origine; à quel peuple,
à quelle époque, à quelle religion elles appartiennent; enfin
vers quel temps a cessé cet usage? — Nous n'avons pas la
prétention, vous pouvez le croire, d'apporter ici la solution
de ce problème. Sans parler de notre insuffisance, nous n'a-
vions pour cela ni assez de faits et d'observations, ni assez
d'ouvrages à interroger. Nous venons donc seulement vous
soumettre le résultat de faibles recherches, vous signaler
certains rapprochements, certaines analogies, laissant à de
plus habiles le soin et l'honneur d'une réponse définitive.

Mais avant d'aborder la discussion de ce difficile sujet,
il est utile de nous rappeler quels étaient les usages funèbres
chez les anciens, et les divers changements qu'ils ont pu
subir. Une fois munis de ces connaissances premières, nous
pourrons nous en servir comme d'un flambeau, et, les rapprochant des faits observés dans les puits en question, en
tirer des inductions plus ou moins fondées, et produire enfin, sinon une solution complète, au moins une opinion
probable.

Nous allons donc passer en revue, d'une façon sommaire,
les coutumes funèbres des Romains et celles des Gaulois.
Nous n'irons pas plus loin, et nous n'aurons pas besoin, par
exemple, de faire connaître celles des Franks, qui envahirent
notre pays au Ve siècle; attendu, comme nous le démontre-

rons plus tard, que les sépultures en forme de puits sont antérieures à cette invasion. Tout au plus y aurait-il lieu d'examiner, comme un point secondaire, si les envahisseurs ont adopté dans les Gaules ce mode d'ensevelir. Mais il est temps d'entrer en matière. A tout seigneur, tout honneur. Commençons par Rome.

On sait de quelle manière se faisaient à Rome les funérailles des citoyens. Tout le monde a lu cette description dans Virgile et ailleurs. Mais laissons plutôt la parole à l'archéologie ; elle va nous apprendre d'une façon plus précise ce qu'était la sépulture romaine introduite dans les Gaules après la conquête. Nous empruntons les détails qui vont suivre à la *Normandie souterraine* de M. l'Abbé Cochet, excellent ouvrage qui nous a été d'un grand secours pour ce travail, et que nous nous permettrons plus d'une fois de citer textuellement. Le corps réduit en cendres sur un bûcher, était ensuite renfermé dans une urne de plomb, de verre ou d'argile. On y déposait souvent aussi plusieurs objets, dont la plupart avaient été à l'usage du mort. Ainsi on y a trouvé des cuillères en argent, des épingles en os, des fibules de bronze, des stiles, des tablettes à écrire, des monnaies, des bagues, des coupes de verre, des gobelets en cristal, des fioles lacrymatoires, etc. Cette urne était placée dans un grand vase de terre et renfermée dans un vaste coffre ou cercueil en bois. Autour de l'amphore funèbre, et comme pour lui faire honneur, étaient disposés un plus ou moins grand nombre de vases de toute forme et de toute dimension, destinés à recevoir les offrandes, les provisions du grand voyage, les parfums, emblème du souvenir. Enfin le tout était descendu dans la terre avec précaution, entouré de cailloux de silex et recouvert de débris de poterie, pour défendre la caisse contre l'humidité et la corruption. Les vases dont nous parlons, et qu'on retrouve encore aujourd'hui en grand nombre, sont en général d'une forme élégante ; la terre en est fine, légère ; la couverte solide. Ils offrent des ornements dessinés avec art ; parfois des initiales, des noms même. Le nombre et la richesse en variaient d'ailleurs, suivant la fortune des particuliers ; mais il est rare qu'il ne s'en trouve pas au moins un. Dans les sépultures les plus pauvres, les cendres étaient simplement déposées dans un fragment d'amphore ou dans un petit coffret de bois ; quelquefois, chose touchante, elles sont déposées à même la terre et recouvertes d'un débris de poterie.

Les cimetières où les restes humains ne se rencontrent ainsi que sous forme de cendres et d'ossements calcinés, sont dits cimetières à *ustion* (de *urere*, brûler), par opposition aux cimetières à *inhumation*, où le corps était rendu à la terre sous forme de cadavre. Mais tous, chose remarquable, que l'ustion ou l'inhumation y domine, sont situés sur le penchant des collines, sans doute en vue de conserver plus longtemps les dépouilles mortelles.

Nous venons de parler de la sépulture réduite à sa plus simple expression. Au-dessous de cette indigence, il y avait pourtant une misère encore plus grande. Celui dont la cendre était simplement recouverte d'un large tesson, c'était l'homme pauvre sans doute; mais il avait pu faire du moins la dépense d'un bûcher. Mais au-dessous de lui, dans les bas-fonds de la société, j'aperçois l'esclave et enfin l'esclave du dernier rang, car il y avait encore une hiérarchie dans la servitude[1]; j'aperçois le rebut de la plèbe, tous les *misérables* de ce temps-là. Comment tous ces parias étaient-ils ensevelis, du moins à Rome? Voilà ce qui est généralement peu connu. Eh bien! Messsieurs, ils étaient tout simplement jetés dans des puits. Le fait est trop important et se rattache d'une manière trop étroite à notre sujet, pour que nous n'essayions pas de l'établir par des textes; ces fosses portaient le nom de *Puticuli*, ou, suivant l'ancienne orthographe, *Puticoli*.

Voici comment Varron en parle dans son *Traité de la langue latine* (IV, 5) :

« Hors des villes sont les *Puticoli*, ainsi appelés de *Putei*
« (puits), parce que c'est là que les corps étaient ensevelis
« dans des puits, à moins qu'on ne les appelle plutôt, avec
« Ælius, *Puticulæ*, parce que là pourrissaient les cadavres
« qu'on y jetait. »

« Extrà oppida à puteis *Puticoli*, quòd ibi in puteis obrue-
« bantur homines, nisi potiùs, ut Ælius scribit, *puticulæ*
« quòd putescebant ibi cadavera projecta. » (Edⁿ de Gode-
froi.....ou *Egger, Latini Sermonis reliquiæ*, p. 10.)

Varron, il est vrai, emploie l'imparfait ; « Les corps

---

[1] Cette hiérarchie était fondée non-seulement sur l'affection et la faveur du maître, mais encore sur les fonctions plus ou moins relevées qui étaient assignées aux esclaves ; enfin sur le degré de servitude, car l'esclave lui-même pouvait posséder un esclave, qui portait le nom de *vicarius*.

« *étaient* ensevelis » dit-il, ce qui semblerait indiquer que
de son temps l'usage n'existait déjà plus. (Varron mourut
sous le règne d'Auguste, l'an 28 av. J. C.) Mais avant de
nous prononcer, écoutons Horace, son contemporain, dans
sa 8e satire du 1er livre: « C'est là qu'autrefois *(sur le mont*
« *Esquilin)*, après avoir été arraché de son étroite cellule,
« était transporté le corps des esclaves, placé par leur com-
« pagnon dans une vile bière. Là était la tombe commune
« de la misérable plèbe, du bouffon Pantolabus, et du dé-
« bauché Nomentanus.....Aujourd'hui on peut habiter les
« Esquilies devenues salubres, et se promener sur cette col-
« line visitée du soleil, là où naguère les yeux attristés con-
« templaient un champ hideux, couvert d'ossements blan-
« chis. »

> « Húc priús angustis ejecta cadavera cellis,
> « Conservus vili portanda locabat in arcâ,
> « Hoc miseræ plebi stabat commune sepulchrum,
> « Pantolabo scurræ, Nomentanoque nepoti,
> . . . .
> . . . .
> « Nunc licet Esquiliis habitare salubribus, atque
> « Aggere in aprico spatiari, quo modo tristes
> « Albis informem spectabant ossibus agrum. »

Horace, il est vrai, ne s'explique pas sur la forme de cette
tombe commune, *commune sepulchrum;* mais un de ses anciens commentateurs, le scholiaste de Cruquius, va nous
compléter sa pensée: « Des puits que l'on creusait, dit-il,
« pour ensevelir les cadavres des pauvres, le lieu a été ap-
« pelé *Puticuli.* Là étaient aussi des terrains publics pour
« brûler les corps. »

« A puteis fossis ad sepelienda cadavera pauperum, locus
« dictus est Puticuli; hic etiam erant publicæ ustrinæ. »
(Hor. éd. de Cruquius, Plantin. 1597, in-4°, p. 386.

Je trouve encore dans le Glossaire attribué à Isidore de
Séville:

« Puticuli, quò cadavera projiciuntur. »
« Puticules, endroit où l'on jette les cadavres. »

Mais nous allons entendre un témoignage encore plus
précis; c'est celui de Festus (¹) dans son traité *de la Signi-*
fication des mots. Voici comment il s'exprime:

(¹) L'époque de Festus est incertaine; on croit qu'il vivait au
3e ou au 4e siècle de notre ère.

« Les *Puticuli* ont été ainsi appelés, dit-on, parce que le
« plus ancien mode de sépulture avait lieu dans des puits,
« et cet endroit était public, hors de la porte Esquiline.
« Mais Ælius Stilon pense que ce nom de *Puticuli* vient
« plutôt de ce que les pères de famille faisant jeter dans
« ce lieu les bêtes mortes et les esclaves du dernier rang,
« ces cadavres y pourrissaient. »

« *Puticulos* dicunt esse appellatos quòd vetustissimum
« genus sepulturæ in puteis fuerit, eumque locum fuisse
« publicum.... extrà portam Esquilinam.....Sed inde potius
appellatos esse existimat Puticulos Ælius Stilo, quòd quum
in eum locum patres familias pecudes morticinas et vilia
projicerent mancipia, ibi cadavera ea putescerent. (*Festus*.
Liv. XIV, v° *Puticuli*.)

Il me semble, Messieurs, que nous n'avons plus rien à
désirer. La lumière est complète. Ainsi les pauvres, les esclaves du dernier rang, et les bêtes mortes de maladie étaient
jetés dans des puits; mode barbare qui était une conséquence
à la fois et de la multitude d'esclaves qui fourmillait à
Rome et de cette idée vile qui s'attachait à eux. Une autre
considération d'ailleurs put conduire à cette idée de fosse en
forme de puits. Dès les temps les plus anciens de la République, ce genre de sépulture avait été adopté, non pour
les esclaves, mais pour les patriciens eux-mêmes. Seulement, comme on peut le croire, les choses se passaient d'une
façon beaucoup plus digne. Au fond du puits, où l'on des-
cendait par un escalier, était un caveau où le corps était
déposé. Plus tard on renonça à cette coutume pour celle de
l'incinération. Mais on y revint dans les derniers temps de
l'Empire (vers le IV° siècle). Eh bien! Messieurs, le puits
de l'esclave ne nous semble pas être autre chose que celui
du maître transformé. Supprimez l'escalier, élargissez le
trou en entonnoir, et vous aurez ces *Puticuli* dont nous venons de parler [1].

[1] Il me semble même que cette confusion des deux sépultures se retrouve dans Varron et Festus, et c'est ce qui explique
l'obscurité que nous avons signalée dans le premier. « C'est là,
dit-il, que les corps (*homines*) *étaient* ensevelis. » (Sépulture
du maître.) « Là, ajoute-t-il, pourrissaient les cadavres qu'on
y jetait. » (Sépulture de l'esclave) — Et Festus : « Le plus ancien mode de sépulture, dit-il, avait lieu dans des puits. » (Sépulture du maître.) « Les pères de famille, ajoute-t-il, faisaient
jeter là les bêtes mortes et les esclaves du dernier rang. » (Sépulture de l'esclave.)

Ici, Messieurs, qu'il nous soit permis de retracer en quelques mots les derniers moments et l'inhumation d'un esclave à Rome; si ce tableau est un hors-d'œuvre, peut-être du moins ne sera-t-il pas dépourvu d'intérêt. Imaginons donc un de ces hommes amenés de quelque contrée lointaine dans la capitale du monde, un de ces Gaulois, par exemple, que César faisait vendre par milliers sur les marchés de l'Italie (¹). Cet homme tombe mortellement malade, et je suppose qu'il ne soit pas échu à l'un de ces maîtres dont l'épouvantable avarice, pour s'exempter de tout soin, faisait alors transporter l'esclave dans une île du Tibre, où l'on avait érigé un temple à Esculape. C'est là qu'on abandonnait le malheureux à la protection du dieu... Mais, je le veux, nous avons rencontré un maître assez humain pour laisser mourir tranquillement son serviteur dans sa cellule, dans une de ces étroites loges dont la longue série, construite d'ordinaire dans les soubassements du logis, n'était pas de beaucoup préférable à la niche du chien. Elle ne recevait d'air et de lumière que ce que la porte ouverte en pouvait admettre. Il est là gisant. Ses derniers regards cherchent quelque chose qui lui rappelle la patrie, une femme peut-être et des enfants séparés de lui par le sort de la guerre et de la captivité. Ils ne rencontrent qu'un compagnon de servitude, un Numide ou un Grec d'Asie. Il meurt enfin en songeant aux grèves de la Loire ou aux forêts des Carnutes; en priant Teutatès d'amener pour les barbares le jour de la vengeance et de terribles représailles contre ses vainqueurs. Dès qu'il a fermé les yeux, on en donne avis au maître, qui calcule, mécontent, la perte qu'il vient de faire, et ordonne de prévenir les vespillons. C'étaient des espèces de *croque-morts*, dont le ministère ne s'exerçait que le soir, à la nuit tombante *(vespere)*, d'où leur venait ce nom de *vespillones*. Peut-être même, sans toutes ces formalités, quatre compagnons du mort étaient-ils désignés pour emporter le corps. On le place dans un ignoble coffre, bière commune déjà souillée par le contact de vingt cadavres, et l'on s'achemine vers les Esquilies, vers cette colline où tourbillonnent sans cesse, avec des cris funèbres, les oiseaux de proie *(Esquilinæ aves)*. On arrive aux *Puticules*, on soulève la pierre qui recouvre l'un des puits, et l'on précipite le corps entièrement nu

(¹) V. César. *Guerre des Gaul.* L. ɪɪ, ch. 33. Après la prise d'une ville de la Gaule-Belgique, César fit vendre en masse une population de 53,000 têtes.

dans ces *pourrissoirs* humains, où il rencontre l'animal qui partageait ses travaux et le supplicié de la veille. La pierre retombe et tout est dit (¹).

Voilà, Messieurs, l'outrage que Rome fit à l'humanité durant des siècles. Et ce n'était pas seulement à Rome : « Hors « des villes, nous dit Varron, sont les *Puticoli.* » Hors des villes, c'est-à-dire pour le moins dans toute l'Italie. Maintenant les Puticules furent-ils transportés dans les lieux où Rome étendit son empire, et particulièrement dans les Gaules ? Cela est fort probable, quoique, à vrai dire, nous n'en ayons d'autre preuve que les puits mêmes découverts dans ces derniers temps, si l'on veut voir dans ces puits une importation romaine plus ou moins modifiée. Mais avant d'entrer plus à fond dans cette question, examinons quels étaient les rites funèbres chez les Gaulois.

On distinguait dans la société gauloise, avant la conquête romaine, trois classes : celle des prêtres ou druides, celle des grands ou guerriers, celle des clients et des esclaves. (*César,* VI, 13-15. *Festus,* L. I, v° *Ambactus.)* Or voici comment César décrit la sépulture des deux premières classes et particulièrement des guerriers qu'il appelle *equites,* chevaliers. Nous empruntons la traduction de M. Artaud :

« Les funérailles, relativement à la civilisation des Gaulois, « sont magnifiques et somptueuses. Tout ce que le défunt « a chéri pendant sa vie, on le brûle après sa mort, même « les animaux. Il y a peu de temps encore, pour lui rendre « des honneurs complets, on brûlait ensemble les esclaves « et les clients qu'il avait aimés. »

« Funera sunt pro cultu Gallorum, magnifica et sump-« tuosa ; omniaque, quæ vivis cordi fuisse arbitrantur, in « ignem inferunt, etiam animalia : ac paulò suprà hanc me-« moriam servi et clientes, quos ab iis dilectos esse consta-« bat, justis funeribus confectis, unà cremabantur. » (B. G. VI, 19.) (²)

(¹) Il ne faut pas oublier qu'il ne s'agit ici que des esclaves du dernier rang et principalement sous la République. Sous l'Empire, la législation et les mœurs s'étaient fort adoucies. A cette dernière époque, les corps des suppliciés n'étaient pas d'ordinaire jetés aux *Puticules ;* ils étaient souvent remis aux parents pour être ensevelis, excepté dans les cas de lèse-majesté. (*Digeste.* L. xlviii, t. 2i. *De Cadaveribus punitorum*).

(²) Nous croyons que M. Artaud s'est trompé en lisant : *justis funeribus confectis,* et qu'il faut lire avec Scaliger, et, je crois, avec les meilleures éditions : *justis funebribus confectis,* ce qui

A ce texte si rapide et si insuffisant, il convient d'ajouter
le témoignage des monuments qui subsistent encore. Or ils
nous enseignent que le corps était recouvert d'un *dolmen.*
Tel était en effet l'usage de ces tables de pierre que l'on a
prises longtemps pour des autels où s'accomplissaient les
sacrifices humains, mais auxquels l'archéologie celtique res-
titue de nos jours leur véritable destination. Enfin le *dolmen*
lui-même était enseveli sous une tombelle ou *tumulus.* Tout
cela, comme on voit, a peu de rapport avec les puits funéraires.

Cependant c'est ici le lieu de mentionner un genre de
sépulture qui s'est rencontré non-seulement chez les peuples
celtiques, mais on pourrait dire chez presque tous les
peuples primitifs. Nous voulons parler de l'inhumation assise. M. l'abbé Cochet, dont le nom sera toujours une si
grande autorité en pareille matière, a trouvé, dans ses explo-
rations souterraines, un grand nombre de corps inhumés
dans cette posture. Quelques-uns même étaient accroupis.
Mais tous appartenaient à la race franque mérovingienne (¹).
Il paraît néanmoins que ce mode a été usité chez les Gaulois, où l'on en trouve plus d'un exemple. Dans tous les
cas, il n'était, comme chez les Francks, qu'une exception.
Or l'inhumation assise suppose nécessairement une fosse
verticale; cependant celles qui correspondaient à ces sortes
d'inhumations, n'étaient point des puits maçonnés ou taillés
dans le roc ; elles avaient été creusées à même la terre, et
ne se distinguaient plus du terrain environnant. En Angleterre seulement, on a mis au jour une petite chambre en
pierre où le squelette était parfaitement assis comme sur
un siége. En Allemagne, on a découvert sous un tumulus
un cercueil contenant un mort assis, avec plusieurs vases
aux pieds. D'un autre côté, on a trouvé dans un des puits
de Thoré, au dire d'un propriétaire du village, un squelette dans la même position; mais c'est à notre connaissance la seule trace de ce genre d'inhumation qui se
soit offerte dans les puits funéraires qui nous occupent, et
si vous voulez bien vous rappeler tous les débris que conte-
naient ces fosses, débris dont la plupart avaient été primiti-

signifie littéralement : *les devoirs funèbres étant accomplis,* de
quelque manière qu'on entende cette phrase incidente. Au reste,
tout cela importe peu au fond de la question.

(1) On sait que Charlemagne a été inhumé assis dans la crypte
d'Aix-la-Chapelle.

vement réduits en cendres, il vous sera difficile de conclure
qu'elles avaient été creusées en vue de l'inhumation assise.
Au reste, cette inhumation qui, je le répète, n'a jamais été
qu'une exception, n'a pu devenir le partage des classes in-
férieures chez les Gaulois. Mais ces clients, ces esclaves,
lorsqu'ils n'avaient pas le malheur d'être aimés du maitre,
ni l'honneur de l'accompagner dans un autre monde, comment étaient-ils ensevelis ?.... Messieurs, on a découvert,
décrit, commenté bien des cimetières gaulois; il nous serait
impossible pour plus d'une raison de les énumérer ou de les
résumer tous. Qu'il nous suffise de dire que plusieurs modes
paraissent avoir été simultanément employés: tantôt on rencontre des tombelles dont la forme n'est plus circulaire,
comme dans le cas où elles sont destinées à un seul guerrier,
mais dont la base est de forme allongée. Ces tombelles sont
parfois réunies en grand nombre, et indiquent un champ de
bataille ou le cimetière d'une ancienne ville. Tantôt ce sont
des chambres sépulcrales, formées de pierres brutes, assemblées comme des *dolmens*, ou des allées couvertes, imi-
tant des chambres allongées (¹). Dans ces sortes de caveaux,
on a trouvé plusieurs individus assis ou couchés (²). Tantôt enfin, ce sont des grottes naturelles, comme à Nogent-
les-Vierges (Oise), où l'on a découvert un certain nombre
de squelettes, hommes, femmes et enfants, rangés symétriquement et par lignes superposées les unes aux autres (³).

En 1855 (?), on a découvert à Moulineaux, près Rouen,
au château de Robert-le-Diable, un véritable cimetière gaulois. Celui-ci était à ustion. Les os calcinés et concassés
étaient renfermés dans des urnes grossières, et enfouis simplement dans des fosses. D'autres vases accompagnaient
l'urne, comme dans les sépultures gallo-romaines. Lorsqu'il
ne s'en trouvait qu'un, c'était d'ordinaire une coupe à boire.
Ce qui a fait reconnaître que ce cimetière était gaulois, et
non gallo-romain, c'est surtout la nature des poteries, toutes
primitives, façonnées à la main et non au tour, mal cuites
au feu, ou simplement séchées au soleil. Rien de plus curieux que ces premiers essais de notre art céramique. Les
urnes ont généralement la forme de nos pots à fleurs. Ajou-
tons, pour ne laisser aucun doute sur la nature de ce cime-

(¹) Par exemple à Marly-le-Roi, près Versailles. V. *Bulletin du
Comité historiq.*, an. 1844, p. 73.

(²) Chéruel. *Dict. des Instit. de la France*, art. *Gaulois.*

(³) *Revue des Sociét. savant.*, octobre 1861, pp. 259-60.

tière, qu'on y a trouvé de véritables épées gauloises, ployées en deux (¹), ainsi que des perles en os, en calcaire, en silex parfaitement travaillé. Or on sait que les perles des tombes gallo-romaines ou mérovingiennes sont en terre cuite ou en pâte vitrifiée (²).

Maintenant toutes ces sépultures ou du moins quelques-unes d'entre elles, appartenaient-elles à des clients, à des esclaves, nous n'oserions l'affirmer. Nous remarquons seulement qu'au milieu de tous ces divers modes d'ensevelir, soit qu'on les attribue à des âges différents, soit qu'ils dépendissent de la condition des personnes, nous ne rencontrons pas un seul puits sépulcral bien caractérisé.

Telles sont, en résumé, les notions que nous avons pu recueillir sur les sépultures romaine et gauloise; mais, avant de les comparer avec les faits relatifs aux puits funèbres, il est nécessaire d'examiner les modifications que les usages gaulois et romains ont pu subir par suite d'une vaste transformation de la société, je veux dire d'un côté par l'apparition du christianisme, de l'autre par celle d'une nouvelle classe dans la société romaine. Commençons par le christianisme. Il s'opposa dès le principe à la combustion des corps, et adopta la coutume juive, qui était l'inhumation pure et simple dans une tombe horizontale. Voyant dans tous les fidèles des membres de Jésus-Christ, il voulut que ceux qui mouraient en Jésus-Christ fussent ensevelis comme le Sauveur :

« Ils prirent donc le corps de Jésus, nous dit l'Evangile
« de Saint Jean (XIX, 40 et suiv.), et l'enveloppèrent de
« linges, avec des aromates, selon la manière d'ensevelir
« qui est en usage parmi les Juifs.
« Or, il y avait un jardin, au lieu où il avait été crucifié,

(¹) Tite Live et Polybe affirment, et l'expérience a maintes fois confirmé leur assertion, que les épées gauloises étaient fort longues et arrondies à l'extrémité (*Tit. Liv.* xxxviii.17, et *Polybe* iii.24). La raison en était que les Gaulois ne sachant pas encore bien travailler le fer, la lame se pliait facilement et ne pouvait frapper d'estoc, mais seulement de taille. Encore arrivait-il souvent qu'elle se déformait dans le combat et que le guerrier était obligé de la redresser sous le pied. Ce fut une des causes de la défaite de nos pères dans plus d'une rencontre avec les Romains.

(²) L'abbé Cochet. *Sépultur. gauloises...* etc., 1ᵉʳ chap. de l'ouv. et supplém'.

« et dans ce jardin un sépulcre tout neuf, où l'on n'avait
« encore mis personne.

« C'est là... qu'ils mirent Jésus. »

40. « Acceperunt ergò corpus Jesu et obvinxerunt illud
« linteis, cum aromatibus, sicut mos est Judæis funerare.

41. « In eo autem loco uti fuerat crucifixus, erat hortus,
« et in horto monumentum novum in quo nondùm quis-
« quam positus fuerat.

42. « Ibi ergò..... posuerunt Jesum. »

L'incinération commença donc à devenir plus rare dans
l'Empire romain, et particulièrement dans les Gaules vers
la fin du IIIe siècle, et après le règne de Constantin (337),
on n'en trouve plus aucune trace. Mais comment se faisait
inhumer le Gallo-Romain du IVe siècle, il n'est pas inutile de
le savoir. Il était enseveli dans ses plus riches vêtements ;
ses armes reposaient auprès de lui ; les femmes étaient ornées de leurs plus précieux bijoux, comme celle dont on a
retrouvé la parure près de Danzé, en 1848. Les chrétiens
mêmes, dans l'origine, adoptèrent cet usage ; mais les Pères
s'étant élevés contre avec beaucoup de véhémence, il finit
par être abandonné.

Du reste, la tombe gallo-romaine de cette époque con-
serve les traits distinctifs de l'âge précédent. Le cercueil de
plomb, de pierre, de tuile, etc., est rempli comme autrefois
de vases de terre, ou de verre, de lampes, de fioles lacrymatoires, etc. Si le mort était encore païen, il a dans la
main, souvent dans la bouche, la pièce de monnaie des-
tinée à Caron.

Il ne faudrait pas croire néanmoins que cette substitution
du nouveau mode à l'ancien se fût opérée dans un temps
très-court. Elle ne se fit, au contraire, que lentement, par
degrés insensibles, et l'on rencontre encore en France plus
d'un cimetière de cette époque de transition, où les deux
genres de sépulture se font, pour ainsi dire, concurrence,
où les squelettes coudoient les urnes.

Toutefois, le christianisme conserva pendant de longs siècles la coutume des vases déposés dans le cercueil du mort.
Mais il les réduisit à deux. Dans l'un, il mit de l'eau bénite,
pour éloigner les mauvais esprits, qui auraient pu venir
tourmenter le corps dans sa fosse ; dans l'autre, on faisait
brûler des charbons et de l'encens. (Durand. *Rational.*,
VII, 35.)

Cette coutume se perpétua jusqu'au XVIIe siècle, et l'on a
encore trouvé de semblables vases dans les dernières fouilles
de notre église Saint-Martin. Mais revenons à l'antiquité.

En ce qui concerne les esclaves, la religion nouvelle, religion d'amour et d'égalité, dut supprimer la fosse commune
et l'horrible usage des *puticules.* Ce qui est certain, c'est
qu'ils n'existaient plus du temps de Festus, car cet auteur
s'exprime à l'imparfait : « Les pères de famille, dit-il, fai-
« *saient* jeter dans ce lieu les bêtes mortes et les esclaves
« du dernier rang, et les cadavres y pour*rissaient.* »

Malheureusement on ignore au juste l'époque de Festus;
on croit qu'il vivait vers la fin du IIIe ou le commencement
du IVe siècle, d'autres disent vers la fin du 5e. Tout ce qu'on
peut affirmer, c'est qu'il est postérieur à Martial, qu'il cite
précisément au mot *vespillones.* — Martial, comme on sait,
florissait à la fin du Ier siècle.

Ainsi l'esclave dut avoir dès lors sa tombe particulière.
Toutefois, malgré les efforts du christianisme, la fosse commune, plus ou moins modifiée, aurait bien pu subsister dans
les Gaules, même après le IVe siècle. On sait que l'Evangile
ne se répandit que lentement dans certaines parties de cette
contrée et surtout au fond des campagnes; on sait aussi combien tout ce qui tient aux usages funèbres chez les peuples
primitifs est difficile à extirper.

Telle fut donc, en deux mots, l'influence du christianisme : il éteignit les bûchers, il fit prévaloir l'inhumation,
qui est et demeurera la coutume définitive des peuples mo-
dernes, il supprima tout ce luxe dont le mort s'entourait
dans sa tombe, il apprit à l'homme à rentrer nu dans le sein
de cette terre qui l'avait engendré nu; enfin il s'efforça d'attribuer à l'esclave comme au maître sa couche particulière.

En même temps que le christianisme s'infiltrait dans la
société romaine, il se produisait au sein de cette société un
autre phénomène remarquable : la formation d'une nouvelle
classe de citoyens; nous voulons parler des colons et du co-
lonat.

Il n'entre point dans notre sujet de décrire longuement
ce qu'était le colon. Qu'il nous suffise de rappeler qu'il for-
mait une classe intermédiaire entre l'homme libre et l'esclave, classe formée d'un côté par la population libre dégénérée, et de l'autre par la population servile améliorée. Le
colon n'était plus esclave du maître, mais seulement de la
terre *(servus terræ ipsius).* Il y était enchaîné, en consti-

tuait une dépendance, et était souvent le fermier perpétuel
et contraint de la propriété, moyennant redevance. On re-
connaît là l'ancêtre du serf au moyen âge (¹). Du reste, vis à-
vis de tout autre que le maître, le colon était un homme
libre; il pouvait contracter mariage, ce qui était interdit à
l'esclave.

On conçoit dès lors que l'homme s'élevant en dignité, sa
sépulture dut être plus honorable. Le colon eut sans doute
son cercueil particulier, pauvre comme lui, de pierre, de
plâtre ou de bois, ou, s'il préférait d'être consumé après sa
mort, il eut son urne grossière ou du moins cet humble
fragment dont nous avons parlé.

Voilà, Messieurs, dans un court aperçu, ce que l'on connaissait des usages mortuaires de l'antiquité jusqu'à l'invasion des barbares, lorsqu'une nouvelle découverte est venue
compliquer une question qui offrait déjà tant d'éléments divers. Je veux parler des sépultures en forme de puits. La
science, il faut le dire, s'est trouvée prise un peu au dépourvu, et a jugé prudent d'ajourner sa décision. Ce que les
hommes compétents n'ont pas cru devoir faire, nous n'avons
pas, on le conçoit, la prétention de l'entreprendre; mais, si
nous ne pouvons résoudre le problème, il nous est permis
de le discuter, de le rapprocher des notions acquises, de
l'éclairer enfin de la lumière que nous nous sommes faite.
Mais avant d'entrer dans la discussion, il ne serait peut-être
pas hors de propos de mettre d'abord sous vos yeux les pièces du procès, je veux dire les rapports qui constatent les
découvertes en question, afin que vous puissiez comparer les
faits qui y sont exposés avec ceux que vous venez d'entendre. Vous connaissez déjà le rapport de votre commission ;
nous allons vous donner lecture, si vous le désirez, de celui
de M. Quicherat, relatif aux découvertes de la Vendée et de
Pouzauges. (Voir aux *Pièces justificatives.*)

Voyons maintenant, Messieurs, quelles conséquences *im-
médiates* on peut tirer de ces rapports, c'est-à-dire de l'examen même des faits. Ce que cet examen ne nous fournira pas,
nous le demanderons aux notions précédemment acquises,
à l'analogie, au raisonnement. Or, ce qui nous semble ré-
sulter bien évidemment des faits observés est ceci :

Les puits en question ne sont pas de simples ossuaires ou

______

(1) V. Code Justinien. L. xi, tit. 47. *De agricolis et censitis
et colonis.*

des charniers, puisqu'on y a trouvé des traces d'ensevelisse-
ment complet.

Ils ont par conséquent servi de sépulture.

C'étaient des sépultures communes, c'est-à-dire que la
même fosse a servi à plusieurs individus. Toutefois, il y des
exceptions, et il se trouve des puits ne renfermant que les
restes d'un seul corps.

Les sépultures y avaient lieu tantôt par incinération,
tantôt par inhumation ; ainsi elles appartiennent à une époque où ces deux modes étaient employés simultanément. Or
nous avons vu que cette époque était la fin du IIIe siècle et
le commencement du IVe.

Les restes humains y sont généralement mêlés à des
ossements d'animaux, qui tantôt sont brûlés et tantôt sont
intacts. Cependant il paraît y avoir encore des exceptions,
et les ossements d'animaux peuvent être absents.

On trouve également certains objets de la vie usuelle : des
couteaux, des vases...etc., enfin des monnaies romaines de
la fin du IIIe siècle ; ce qui confirme l'induction que nous
avions déjà tirée du double mode de sépulture.

Telles sont les conséquences certaines, évidentes, qui res-
sortent des faits eux-mêmes ; tels sont les principes qui devront servir de base et de contrôle à notre discussion. Nous
ne pourrons rien admettre qui leur soit contraire. Maintenant raisonnons.

Puisque ces sépultures remontent au moins au IIIe siècle
de notre ère, il n'y a que deux suppositions possibles : ou
elles sont d'origine gauloise et ont persisté durant l'époque
gallo-romaine et peut-être au delà, ou elles sont d'origine
romaine et ont été importées dans les Gaules par la conquête. Enfin, quelle que soit leur origine, elles peuvent
avoir été modifiées par les mœurs du peuple vainqueur ou
vaincu, et offrir une sorte de transition, on pourrait dire de
transaction, entre les deux nationalités. Nous allons examiner successivement l'une et l'autre hypothèse, en joignant
à chacune d'elles la question de modification.

Ces puits sont-ils d'origine romaine, et ont-ils été im-
portés par la conquête ?

Nous l'avions cru d'abord, et que l'on nous permette de
reproduire les raisonnements qui nous avaient amené à cette
conclusion ; dans une matière aussi obscure, le pour et le
contre méritent d'être entendus :

Assurément, pensions-nous, l'usage des puticules dut

être introduit par les Romains dans les Gaules, puisqu'ils y ont introduit leurs autres modes de sépulture, et non-seulement leurs sépultures, mais toutes leurs institutions et leurs usages. On sait avec quel soin ils s'appliquèrent à *dénationaliser* ce pays, qui leur avait fait une si longue résistance, et dont le génie était si original et si vivace. La nouvelle province fut bientôt couverte de monuments romains, de routes romaines, de *villas*, de stations militaires, de temples consacrés au dieu du vainqueur. Comment croire que dans cette contrée ainsi façonnée à l'image de la métropole, la sépulture de l'esclave seule ne fut pas importée? Elle le fut donc, selon nous; seulement, en s'implantant sur ce sol étranger, elle dut en éprouver l'influence et y subir des modifications profondes, surtout dans les campagnes.

On n'était plus là dans ce tourbillon dévorant de Rome, où la classe servile était écrasée et absorbée par celle des maîtres. L'influence calme et bienfaisante du séjour des champs dut se faire sentir. D'ailleurs, vers le IIe siècle de notre ère, les idées de bienveillance sociale et de charité avaient fait un immense progrès. On sent partout un souffle de christianisme, même dans les esprits qui ne sont pas encore gagnés. Il dut, par conséquent, y avoir dans l'acte de la sépulture plus de décence et d'humanité. Le corps fut enfermé dans un cercueil, comme l'attestent les ais et les clous trouvés dans certains puits de la Vendée. Il ne fut plus précipité, mais descendu avec précaution, j'allais dire avec respect; on le recouvrit d'une couche de terre. Comme le maître emportait ses armes, ou son stile ou son gobelet de cristal; comme la matrone emportait ses bijoux; l'esclave put emporter la tasse de bois dur où il buvait, la femme esclave, la quenouille qu'elle avait filée.

Si le colon désirait d'être brûlé après sa mort, comme le maître lui-même, et d'avoir sa tombe particulière, qu'arrivait-il? On creusait toujours un puits par habitude ; mais on le creusait peu profond, de 1 ou 2 mètres, et on y renfermait l'urne cinéraire, comme on déposait celle du maître dans son sépulcre de famille. C'est ce qui a été observé à Pouzauges.

Enfin le vieil esprit gaulois n'ayant jamais été entièrement étouffé, surtout dans les campagnes, beaucoup d'usages nationaux durent persister ou reparaître, et se mêler à l'institution romaine : c'est ainsi qu'on donna parfois au cadavre une posture assise, usage celtique qui s'est retrouvé, dit-on, dans un des puits de Thoré. Quant aux ossements d'animaux, qui s'étonnerait de les rencontrer ici, lorsque nous savons que ces fosses étaient destinées à recevoir, non-seulement la dépouille de l'esclave, mais encore les bêtes mortes de maladie?

C'est ainsi que nous cherchions à expliquer tous les faits, en partant seulement de l'idée romaine; c'est ainsi que nous étions amenés à considérer les puits en question comme de véritables *puticules*, modifiés par le temps, le progrès des mœurs et le mélange de coutumes étrangères.

Mais de graves objections s'élèvent contre cette manière de voir : si ces puits étaient réellement des *puticules*, ils devraient se rencontrer dans le voisinage des anciennes cités gallo-romaines, là où il y avait agglomération d'esclaves. Or, tous ceux qui ont été découverts jusqu'ici sont situés au contraire dans des localités peu importantes, dans des campagnes presque désertes. Je ne vois aux environs, autant que nous en pouvons juger, aucun établissement, aucune *villa*, aucun vestige romain. Nul souvenir de cette époque ne se rattache, par exemple, à Baugenci, dont l'histoire ne date que du moyen âge. Si nous considérons en particulier, dans un rayon de quelques kilomètres, le pays de Thoré, nous lui trouvons un aspect véritablement celtique. Ces grottes, qui s'ouvrent en face des eaux, ce nom du *Breuil* qui atteste l'existence d'un ancien bois (¹), ce *murger* ou entassement de pierres qui couronne le coteau, semblent l'indiquer. Ce n'est pas tout : si ces puits sont des *puticules*, les ossements d'animaux qu'on y rencontre sont ceux des bêtes mortes de maladie dont parle Festus *(morticinas pecudes)*. Mais ces bêtes n'étaient pas brûlées avant d'être jetées dans la fosse. Or nous voyons là des ossements qui tantôt sont brûlés, tantôt sont intacts. Les premiers ne rappellent-ils pas d'une manière frappante cet usage gaulois dont parle César ? « Tout ce que le défunt a chéri pendant sa vie, on « le brûle après sa mort, *même les animaux*. » Quant aux ossements non brûlés, rappelons-nous que cette époque est celle où l'incinération commence à être abandonnée, et de même que l'homme est tantôt consumé, tantôt inhumé, de même l'animal partage avec lui l'un ou l'autre mode de sépulture. En ce qui concerne l'état de ces ossements, l'usage,

---

(¹) *Breuil* vient de *Broilum*, qui dans la latinité du moyen âge signifiait un bois en général, et particulièrement un bois entouré d'une enceinte. (V. Ducange, à ce mot.)

selon nous, est donc certainement gaulois. Il ne l'est pas
moins si l'on considère la nature des animaux enfouis. La
présence du chien et du cheval n'aurait rien d'extraordinaire dans des *puticules*; celle d'animaux comestibles, tels
que le bœuf, le porc, n'y devrait figurer que rarement et par
exception, tandis qu'elle y est assez fréquente; enfin on ne
voit pas comment il s'y trouve un bois de cerf, des os de
renard et des coquilles d'huîtres. Dans l'hypothèse gauloise, au contraire, tout s'explique naturellement: le chien
et le cheval sont les amis domestiques du mort, qui l'accompagnent dans l'autre monde; le bœuf, le porc, sont ceux
qu'il a nourris de sa main et qui l'accompagnent aussi, à
moins qu'ils ne soient là comme provisions de voyage (¹).
Enfin le bois de cerf était le trophée de sa demeure de son
vivant et devenait celui de sa tombe. Les Gaulois nos pères
étaient grands chasseurs, et l'on peut voir dans César (VI)
avec quelle ardeur la jeunesse gauloise se fortifiait par ce
dur exercice. Ils chassaient surtout l'urus ou taureau sauvage, « ceux qui en ont tué le plus grand nombre, dit l'his-
« torien, en rapportent les cornes au milieu de leurs con-
« citoyens, comme un sûr témoignage, et obtiennent par là
« une grande gloire.....Ces cornes sont recherchées comme
« un luxe; ils les garnissent d'argent sur les bords, et, dans
« leurs festins d'apparat, ils s'en servent comme de coupes. »
      « Et qui plurimos ex his interfecerunt, relatis in publi-
« cum cornibus, quæ sint testimonio, magnam ferunt lau-
« dem.....hæc studiosè conquisita ab labris argento circum-
« cludunt, atque in amplissimis epulis pro poculis utuntur. »
      Ils ne chassaient pas seulement l'urus, mais encore le
cerf, qui abondait dans leurs vastes forêts. On a trouvé des
cornes de cerf dans des tombeaux gaulois découverts à Co-
cherel, en 1685, des os de cerf parmi les ossements recueillis dans la cité *de Limes*, cette curieuse cité gauloise ex-
humée près de Dieppe. Dans les fouilles si intéressantes qui
ont eu lieu en 1854, au sein du lac de Zurich, et qui ont
mis au jour les restes d'anciens villages celtiques disparus
sous les eaux, dans ces fouilles, disons-nous, on a découvert une énorme quantité de bois de cerf. Il s'en est rencontré un également dans une tombe du cimetière gaulois
de Moulineaux, près Rouen, dont nous avons parlé plus

(¹) Le porc, soit domestique, soit sauvage, jouait un grand
rôle dans la vie gauloise. Il s'en faisait un commerce considérable, et cet animal figure souvent sur les monnaies celtiques.

haut ; il ne restait plus que la base des cornes qui, toute
rongée par le temps et tombant presque en poussière, attes-
tait qu'elle était là depuis de longs siècles. — « Le cerf
« était cher et précieux à nos ancêtres, dit l'abbé Cochet...
« Ils avaient des cerfs apprivoisés, qu'ils appelaient cerfs
« domestiques, et les lois d'alors les couvraient de leur pro-
« tection. La loi salique condamne à quarante-cinq sous
« d'amende et la loi ripuaire à quarante celui qui vole un
« cerf dressé pour la chasse des forêts. » — Du reste, ces
bois de cerf déposés près des morts n'étaient pas un trait
particulier à la race gauloise. Une sépulture mérovingienne
d'Envermeu (Seine-Inférieure), et en Angleterre, une tombe
anglo-saxonne, en ont offert de semblables exemples (¹).

Mais revenons aux puits de la Vendée. Les ossements de
renard y figuraient sans nul doute comme l'insigne et le
trophée du chasseur enseveli. Une tête de renard s'est également trouvée dans les fouilles du lac de Zurich parmi
d'autres débris d'animaux.

Quant aux coquilles d'huîtres, elles sont l'une des observations les plus curieuses qui aient été faites dans l'étude de
ces temps-là. Ces coquilles se rencontrent sur un grand
nombre de points, soit purement gaulois, soit gallo-romains,
et cela en quantité considérable et parfois à des distances
fort éloignées de la mer. Elles ont été trouvées dans la cité
de Limes dont nous avons parlé, dans des habitations gallo-
romaines et jusque dans les fondations des murs romains de
la ville de Saintes. En 1844, on a découvert près de Clermont en Auvergne, une galerie souterraine dont la construction indiquait l'époque gallo-romaine. Dans cette galerie était un nombre considérable d'ossements d'animaux, et
surtout d'animaux comestibles, étendus sur une épaisse
couche de coquilles d'huîtres. Le tout était recouvert de
terre, de pierres, enfin d'un lit de ciment. Il n'y avait pas
d'ossements humains. On s'est perdu en conjectures sur la
destination de cette galerie et sur la présence de ces ossements (²). Pour nous, si nous osions hasarder une opinion,
nous verrions là un lieu de sépulture analogue à celle de nos
puits, sépulture dont les squelettes auraient été enlevés pos-
térieurement, par exemple à l'époque chrétienne ; c'est
alors que les ossements d'animaux auraient été recouverts

(1) On vient de découvrir dans les fouilles du théâtre romain
d'Arcines, près Vendôme, un fragment de bois de cerf, parmi
des débris de poteries gallo-romaines.

(2) *Bulletin du Comité Archéologique.* 1844, pp. 73 et suiv.

de ciment. Mais revenons à nos coquilles. Elles se sont rencontrées jusque dans le Danemark et le Jutland, où tous les
points celtiques sont toujours escortés de masses d'huîtres et
de coquillages maritimes (¹). L'existence de cet usage dans
des lieux où les Romains n'ont jamais pénétré démontre assez quelle en est l'origine. Tout au plus peut-on dire que
les vainqueurs l'ont parfois adopté en s'établissant dans les
Gaules. Quel en était le but ou la signification ? C'est ce que
nous ignorons entièrement ; qu'il nous suffise de constater
que la présence de ces coquilles dans les puits tumulaires
indique plutôt une sépulture gauloise que romaine.

Après avoir passé en revue les animaux, interrogeons enfin les objets qui les accompagnent. Nous avons parlé déjà de
la tasse en bois dur et de la quenouille, qui s'expliquent aisément dans l'hypothèse de *puticules* modifiés par le temps.
Ils ne s'expliquent pas moins dans l'hypothèse gauloise :
« Tout ce que le défunt a chéri pendant sa vie, dit César,
« on le brûle après sa mort. » Mais à l'époque qui nous
occupe, l'incinération étant déjà en grande partie abandonnée, on peut croire que les objets auront participé de cette
vicissitude comme les animaux eux-mêmes et auront été inhumés au lieu d'être consumés. Dans l'une ou l'autre supposition, comme l'on voit, la présence de ces objets ne s'explique que par une modification de l'usage primitif. Aucune
des deux hypothèses n'a donc ici l'avantage. Je trouve ensuite une lame de fer, une clef de bronze, un coutelas de
fer pesant plus de quatre livres. Ces objets sont caractéristiques ; ils se rencontrent fréquemment dans les sépultures
mérovingiennes, et s'ils s'étaient trouvés ici dans la même
couche de terre, on pourrait croire à la présence de quelque
guerrier de cette race qui, dans des temps postérieurs, aurait usurpé la place d'un Gaulois. Dans tous les cas, ces objets ne sauraient être l'attribut d'un esclave ou d'un colon.
Le grand coutelas surtout était l'arme réservée du maître, et
nul autre assurément n'aurait eu le droit de se faire ensevelir dans cet appareil. Il faut donc reconnaître ici quelque usage gaulois analogue à celui des Francks.

Le vase à parfums se rattache, il est vrai, à la coutume
romaine ; mais il est probable que cette coutume aura été
adoptée par les vaincus après la conquête.

Je passe le fragment trouvé à Thoré, dont je ne saurais
dire autre chose sinon qu'il me paraît être gallo-romain du

(¹) *Normandie souterraine*, pp. 64-65.

Bas-Empire, et j'arrive au vase qui contenait plus de cent moules à couler des monnaies, vase bien précieux pour nous, puisqu'il nous a donné l'âge de ces sépultures, du moins quant à la limite supérieure. Pour moi, cette sorte d'urne me semble attester la place où reposait un ouvrier monétaire; il aurait emporté avec lui les insignes de sa profession.

Il existait, en effet, dans les Gaules, à cette époque, plusieurs officines qui frappaient monnaie au nom de l'empereur, Lyon, Trèves, Arras, etc. Les ouvriers employés à cette fabrication étaient soit des affranchis, soit des esclaves du domaine impérial. Tous d'ailleurs formaient une véritable corporation sous le nom de *familia monetalis*, corporation assez nombreuse pour inquiéter quelquefois le pouvoir quand elle se révoltait. Aurélien fut obligé de marcher contre les monnayeurs de Rome à la tête de son armée (¹), et Julien eut à sévir contre ceux de Cyzique. Je remarque, en outre, que, parmi les monnaies trouvées dans le vase en question, les dernières en date sont à l'effigie de Caracalla et de Julie Mammée. Or ces deux noms se rattachent particulièrement à la Gaule. Caracalla y était né; il en avait adopté le vêtement national, d'où il avait retenu le nom sous lequel il est connu. Plus tard, il voyagea dans les Gaules, qu'il ruina par ses exactions, prodiguant tellement l'argent à ses soldats et aux barbares, qu'il lui fallut bientôt recourir au procédé de la fausse monnaie. « Au lieu de l'argent ou de « l'or qu'il devait nous donner, dit un historien contempo- « rain, il faisait fabriquer du plomb argenté et du cuivre « doré (²). »

Quant à Julie Mammée, mère d'Alexandre-Sévère, on sait que ce fut dans les Gaules mêmes qu'elle fut assassinée avec son fils. Depuis l'an 211, époque où le fils de Septime-Sévère reçut l'empire jusqu'à l'année 235, où périt Julie Mammée, il dut donc y avoir un grand nombre d'ouvriers monétaires employés dans les Gaules. Il n'y a dès lors rien d'étonnant à ce que l'un d'eux, Gaulois d'origine, soit venu mourir aux lieux où il était né, et se soit fait ensevelir selon

(¹) *Hist. Aug. Vie d'Aurél.*, ch. XXXVIII.

(²) Antonino (sc. *Caracallæ*) cùm cetera omnia, tùm nummus adulterinus erat. Nam pro argento aurove quod nobis daret, plumbum argentatum et æs inauratum parabat. (Xiphilin. Abrégé de Dion Cassius, trad. de Guill. Le Blanc. P. R. Esticnne 1551. in-4°.)

les usages de sa patrie. Ce qui serait étonnant, c'est qu'un tel esclave appartenant à la fois au prince et à une corporation puissante, eût été inhumé dans des *puticules,* si amélioré que l'on suppose ce mode de sépulture. On pourrait objecter que cet homme était peut-être un faux monnayeur, et que dès lors il était dévoué tout naturellement aux *puticules.* Il est certain que les faux monnayeurs étaient fort nombreux à cette époque; mais on ne les enterrait pas, que nous sachions, avec les insignes de leur honnête profession. D'ailleurs notre homme a été assez heureux pour emporter dans sa tombe un témoignage de sa probité. Dans l'alvéole de l'un de ses moules se trouvait encore, par hazard, une pièce d'argent toute neuve. L'argent était de bas aloi, il est vrai, mais la plupart des pièces de cette époque ne sont pas autrement, et celle-ci ne ressemblait en rien, par exemple, à celles de Caracalla dont nous avons parlé plus haut. Ainsi cet homme (c'est de l'esclave que nous parlons) n'était point un faux monnayeur et n'a pas dû être enseveli dans des *puticules.* — Ici encore nous devons donc conclure en faveur d'une sépulture gauloise.

J'arrive enfin au stile de bronze, virolé d'or, et au magnifique bidon de bronze à anse de cuivre. On se persuadera difficilement qu'un esclave ou un colon ait emporté avec lui ces riches objets. N'est-il pas plus naturel de penser qu'ils ont dû appartenir à des Gaulois gagnés par le luxe et la civilisation de Rome ?

Mais il est temps de résumer cette longue discussion. Vous le voyez, Messieurs, bien que les sépultures en forme de puits trouvent dans les *puticules* romains un précédent et une analogie, cependant cette analogie est trompeuse : les lieux où existent nos puits, leur éloignement des villes, la nature des ossements d'animaux ou des objets qui en ont été exhumés, tout se réunit pour démontrer avec une entière vraisemblance qu'ils ne sont point de provenance romaine ; qu'ils ont leur origine, au contraire, dans les coutumes gauloises, bien que ces coutumes n'aient rien fourni de semblable jusqu'ici. Il résulte encore de notre examen que l'inhumation assise a pu conduire, dans le principe, à l'idée de la construction de ces puits, mais que néanmoins ceux que nous connaissons n'offrent que rarement ce genre d'inhumation.

Cependant, lors même que toutes nos conclusions paraîtraient exactes, le problème serait encore loin d'être résolu.

Il resterait surtout, il faut bien le dire, deux graves difficultés : la première consiste dans le petit nombre de débris humains qui se rencontre, relativement à la grande quantité d'ossements d'animaux et d'objets. Il y a même telle couche de terrain où tout vestige d'homme est absent, disposition qui rappelle involontairement la galerie souterraine de Clermont, où ne se trouvaient également que des dépouilles animales. La seconde difficulté se tire du caractère de sépulture commune qu'offrent la plupart de nos puits, caractère qu'il est facile d'expliquer dans la supposition de *puticules,* mais qui devient plus embarrassant dans l'opinion que nous avons admise.

La solution générale du problème ne pourrait se trouver, je pense, que là où il ne serait pas facile de l'aller chercher, je veux dire au sein des vieilles croyances gauloises, dans les mystères de cette religion druidique, encore si peu connue, malgré les efforts de tant d'hommes éminents. C'est, nous le croyons, dans quelque dogme, dans quelque légende issue des forêts sacrées, que se cache l'explication de ces puits singuliers, de ce mélange d'animaux, de cette communauté de sépulture... Peut-être y a-t-il là quelque chose qui touche à la transmigration des âmes, cette doctrine si chère aux anciens druides. Sans doute, à l'époque gallo-romaine, le druidisme était proscrit, persécuté, mais il n'était pas anéanti, et d'ailleurs ses usages ont pu lui survivre; il n'est donc rien d'étonnant à ce que l'on en retrouve quelques traces aux lieux qui en furent autrefois les foyers les plus actifs, en Bretagne, en Vendée, sur le territoire des Carnutes, c'est-à-dire précisément dans les endroits où nos puits ont été découverts.

Les Franks connaissaient-ils cet usage, ou l'ont-ils adopté après leur invasion dans les Gaules? — Nous répondons:

Ils pratiquaient du moins l'inhumation assise. M. l'abbé Cochet, dans les nombreux cimetières mérovingiens qu'il a mis au jour, l'a rencontré, mainte et mainte fois; mais jamais, que nous sachions, il n'a constaté l'existence d'un véritable puits. Toutefois, comme le puits est une conséquence naturelle de l'inhumation assise, il ne serait pas étonnant que les barbares eussent imité quelquefois les puits gallo-romains, si cette coutume subsistait encore au moment de leur invasion. M. Quicherat cite les puits de Pouzauges, d'où l'on a extrait des poteries et des armes « qui ne pa- « raissent pas être, dit-il, de façon romaine, mais qui, à son

« sens, se placeraient plutôt dans la série des objets d'ori-
« gine germanique. » Mais M. Quicherat ne fait pas attention que dans ces mêmes puits se trouvaient des urnes ciné-
raires, circonstance qui ne peut convenir à des Franks. Ce
peuple se faisait inhumer, et non réduire en cendres. M. Cochet n'a jamais rencontré un individu de cette race autrement que sous forme de squelette. L'exemple des puits de
Pouzauges, en ce qui concerne les Germains, n'est donc pas
concluant.

Nous croyons avoir répondu, Messieurs, à toutes les
questions que nous nous étions posées en commençant :

A quel peuple appartient cet usage? — Au peuple gaulois.

A quelle religion ? — A la religion druidique.

A quelle époque remonte-t-il ?—Au moins au III⁰ siècle
de notre ère, mais vraisemblablement beaucoup plus haut.

Quelles influences ont pu le modifier! — Deux principales : la civilisation romaine et le christianisme qui finit par
le détruire.

Les Franks, après leur invasion, ont-ils adopté ce mode
de sépulture? — Nous l'ignorons; jusqu'ici rien ne le démontre suffisamment.

Enfin jusqu'à quelle époque a-t-il duré ? — Jusqu'à l'é-
tablissement de la religion chrétienne dans les Gaules, et
probablement au delà.

En ce qui concerne Thoré, en particulier, voici, ce nous
semble, le raisonnement qu'on peut tenir :

Comme tout le Bas-Vendomois, dont il fait partie, il a dû
être évangélisé par saint Julien, premier évêque du Mans,
et par ses successeurs. Le souvenir de saint Julien, chose
remarquable, est encore aujourd'hui vivant dans ce pays.
La tradition populaire lui attribue la construction du *murger*
ou amas de pierres qui couronne le coteau où sont taillées
les grottes du Breuil. A quelle époque saint Julien est-il
venu dans les Gaules? Il y a là-dessus bien des discussions
et des contestations. Les critiques les plus raisonnables
fixent l'arrivée du nouvel apôtre au Mans vers le milieu du
IV⁰ siècle. Si l'on adopte cette opinion, qui est la plus vrai-
semblable, il s'ensuit que Thoré n'aura pas dû être con-
verti à la nouvelle religion avant le V⁰ siècle. Maintenant, si
l'on considère la persistance des usages et surtout des usages
funèbres chez les peuples primitifs, si l'on se rappelle la politique prudente du christianisme, qui avait pour règle de
consacrer les coutumes établies plutôt que de les renverser

brusquement, on se persuadera que celle qui nous occupe
aura pu se maintenir jusqu'au VI° siècle. Aux personnes qui
s'étonneraient d'une durée aussi tardive, on pourrait citer
un Capitulaire de Charlemagne qui interdit certaines super-
stitions druidiques encore en vigueur de son temps.

Vers le milieu du VII° siècle, Thoré est une localité déci-
dément chrétienne. Son nom apparaît alors pour la première fois dans notre histoire locale. Il nous est révélé par
une charte mérovingienne sous la forme de *Tauriacus* (¹).
A cette époque, il n'était qu'une simple terre ou *villa* possédée par la célèbre abbaye de Saint-Denys en France. C'est
elle sans aucun doute qui y fonda l'église dont le vocable
est encore aujourd'hui celui de Saint Denys. Vers le milieu
du VII° siècle, cette villa fut usurpée par un évêque du
Mans nommé Berchaire, mais l'abbaye obtint du roi Clotaire III un diplôme daté de l'an 658, pour la restitution de
sa propriété. C'est la charte dont nous parlions. Il est plus
que probable qu'à cette époque le genre de sépulture que
nous examinons n'existait plus. Mais il est temps de clore
enfin ce trop long travail. Puissions-nous avoir rencontré la
vérité au fond de nos puits; mais puissions-nous aussi obtenir
de vous, Messieurs, notre pardon pour avoir si longtemps
abusé de vos moments et de votre patience !

*L'étendue de ce travail nous force de supprimer les
pièces justificatives.*

M. Jules Chautard, professeur à la Faculté des Sciences
de Nancy, lit les deux notes suivantes :

NOTE SUR DES PIÈCES DE MONNAIE EN ARGENT TROUVÉES
A AUTHON (LOIR-ET-CHER).

La note que j'ai l'honneur de communiquer à la Société
est relative à une découverte de petites monnaies en argent,
faite à Authon, bourg situé sur les confins de notre arrondissement et du département d'Indre-et-Loire. Ces monnaies furent trouvées au mois de juin 1860 par un ouvrier,
le sieur Langlois, en creusant les fondations de sa maison.
Le nombre total des pièces parait être de 75. Au moment
de la trouvaille, une pièce fut remise à l'instituteur de l'endroit et deux autres au régisseur du château du Fresne,

(¹) Félibien. *Hist. de S¹ Denys. Pièc. justificat.*, p. VII. Le-
tronne. *Diplomata merovingiæ ætatis.*

chargé de prendre à Paris des renseignements sur la valeur de ces monnaies. 72 pièces restèrent entre les mains du propriétaire jusqu'au mois d'octobre de l'année suivante, époque à laquelle j'en fis l'acquisition par l'intermédiaire obligeant de M. Foucher, notaire à Authon.

D'après les renseignements puisés sur les lieux, ce trésor n'était contenu ni dans un pot, ni dans aucun autre vase; il a été trouvé dans un même tas, à une profondeur d'environ 40 à 50 centimètres, sur l'emplacement d'une très-ancienne haie faisant clôture du jardin appartenant au sieur Langlois. Il n'y avait dans le voisinage aucun squelette ou débris indiquant des traces de sépulture. En continuant les fouilles tout autour de l'endroit où gisaient ces monnaies, on n'a rencontré nul objet digne d'attirer l'attention.

Ces diverses pièces, qui datent toutes du XIII° et du XIV° siècles, sont des esterlings anglais, ou des copies d'esterlings par des princes ou barons étrangers. Leur état de conservation est généralement parfait.

Une appartient à Henri II d'Angleterre ; deux à Édouard I; soixante-quatre remontent aux règnes d'Édouard II et d'Édouard III, et présentent quelques variétés intéressantes de coin ou d'atelier monétaire ; une est relative au roi d'Écosse Alexandre III, ; quatre enfin sont étrangères à la Grande-Bretagne.

Voici actuellement la description détaillée de ces monnaies, à laquelle nous avons joint des figures pour faciliter l'intelligence du texte.

I.

HENR-ICVS R-EXHY. Cette légende est disposée autour d'un triangle suivant le type plantagenet. La figure qui devait occuper le centre du triangle est complétement effacée. Au revers se trouve une double croix cantonnée de douze points disposés trois par trois et la légende: DAV-ION-DIV-ELI. Cette curieuse monnaie que nous attribuons à Henri II (1154 à 1189) a été frappée à Dublin, et porte, comme presque toutes les monnaies de cette époque, le nom de son monétaire. Poids: 1 gr. 300. Fig. 1, pl. I.

II.

EDW.R-ANGL'.D-NSHYB. Tête de face coiffée d'une couronne trèflée, et placée dans un triangle formé par un grenetis et un filet. ℞. CIVI-TAS-DVBL-INIE. Croix pattée traversant la légende et cantonnée de douze points ou be-

sants rangés trois par trois. Deux échantillons; poids moyen:
1 gr. 400. Fig. 2, pl. I.

Ces monnaies sont indiquées comme étant d'une grande
rareté, et sont attribuées à tort à Édouard III dans le catalogue de M. le comte Renesse-Breibach. Nous pensons que,
en égard au type, qui est celui adopté par les Plantagenets,
on doit restituer cette pièce à Édouard Ier, qui régnait de
1272 à 1307.

III.

64 échantillons peuvent être attribués indistinctement aux
règnes d'Édouard II (1307-1327) et d'Édouard III (1327-
1377). Ils sont au type esterling proprement dit, qui consiste: à l'endroit de la pièce, en une tête de face coiffée
d'une couronne à trèfles avec deux épaisses touffes de cheveux à droite et à gauche; la légende entre deux grenetis
commence ordinairement par une croix, et doit s'interpré-
ter ainsi : *Edouard, roi d'Angleterre, seigneur d'Hybernie.*
Au revers : croix pattée coupant la légende et accompagnée
de trois points ou besants dans chaque canton ; la légende
indique le nom de la ville où la pièce a été frappée.

Indépendamment des variétés signalées ici, j'en ai remarqué un très-grand nombre d'autres consistant dans une disposition différente des lettres de la légende de face, et qui
indique une époque ou un atelier différents.

1°. 29 pièces frappées à Londres; poids moyen : 1 gr. 450;
+EDWR'ANGL'DNSHYB; ℞: CIVI-TAS-LON-DON, type
esterling. Fig. 5, pl. I.

2°. 26 frappées à Cantorbéry; poids moyen : 1 gr. 400;
+EDWAR'ANGL'DNSHYB; ℞: CIVI-TAS-CAN-TOR, type
esterling. Fig. 8, pl. I.

3°. 2 frappées à York avec variété de lettres au revers :
poids moyen: 1 gr. 325; +EDWR'ANGL'DNSHYB; ℞:
CIVI-TAS-EBOR-ACI, type esterling. Fig. 3 et 4, pl. I.

4°. 5 pièces frappées à Bristol avec variété dans la disposition des lettres du revers; poids moyen : 1 gr. 450;
+EDWR'ANGL'DNSHYB; ℞: VILL-ABR-ISTO-LLIE, type
esterling. Fig. 6 et 7,

5°. Enfin deux pièces sortent de l'atelier monétaire de
Durham, et offrent chacune une particularité remarquable:

Sur l'une, la croix qui forme le commencement de la légende de face, a ses extrémités bifurquées et recourbées de
façon à simuler une rosace. EDW.....HYB; ℞:...TAS-D...
EME, type esterling; poids : 1 gr. 250, fig. 9, pl. II.

Sur la seconde, le commencement de la légende de face
porte, au lieu d'une croix, un petit lion rampant, signe assez rare sur les monnaies anglaises de cette époque ; de plus,
une fleur de lis accoste le lion à droite, EDWR'ANGL'
DNSHYB ; ℞: DVN-ELM-CIVI-TAS, type esterling ; poids:
1 gr. 360. Fig. 10, pl II.

Cette manière d'orthographier le nom de la ville s'explique facilement. Les Anglais prononcent encore aujour-
d'hui le mot *Durham* comme s'il était écrit *Durême*. Le
nom latin de cette ville est *Duhelmum* ou *Duhelmia*, et il
serait possible que sur les pièces précédentes on eût voulu
mettre CIVITAS DVNEME ou DVNELMIA.

IV.

+ ALEXANDER DEI GRA. Tête couronnée de profil
à gauche, avec un sceptre devant elle. ℞ : REX-SCO-TOR-
VM. Croix pattée coupant la légende avec une étoile dans
chacun des quatre cantons. Poids: 1 g. 200. fig. 11. pl. II.

Cette monnaie, qui ne diffère des esterlings anglais que par
la disposition de la figure, ici de profil, au lieu de face,
doit être attribuée à Alexandre III, qui régnait en Écosse de
1249 à 1292. Elle est assez rare, d'une belle conservation,
et se trouve indiquée dans Lindsay, planche IV, n° 77.

V.

+ GVALER. DE. LVSENB ; au revers : MON-ETA-SER-
ENE, type esterling. Poids: 1 g. 270. fig. 12, pl. II.

Cette monnaie est de Valéran III, seigneur de Ligny,
comte de Limbourg (1371-1415). La terre de Ligny était
située dans le Barrois ; cette seigneurie arriva dans la maison de Limbourg-Luxembourg par le mariage en 1240 de
Marguerite, fille d'un duc de Bar, avec Henri, fils de Valéran, duc de Limbourg, et d'Ermesinde, héritière de Luxembourg.

Serain, petite localité détruite aujourd'hui, est connue
surtout par les monnaies qui y ont été frappées. C'était un
fief situé dans le Cambrésis, et qui relevait de Crève-Cœur.
D'abord apanage des maisons de St-Aubert et de Walin-
court, ce fief passa plus tard à la maison de Ligny, qui y éta-
blit un atelier monétaire très-important.

Les monnaies frappées à Serain sont assez rares. Jusqu'à
ces dernières années on n'en connaissait qu'un fort petit
nombre d'échantillons. M. Poey-d'Avant, dans son Traité
des Monnaies féodales de France, indique plusieurs types

nouveaux parmi lesquels figurent deux exemplaires de la pièce que nous décrivons, l'un cité par Duby, l'autre faisant partie de la collection de M. Serrure à Gand.

VI.

+ GALCHS COMES PORC, entre deux grenetis, tête de face au type esterling. ℞ : MON-ETN-OVA-YVE, croix entremêlée de douze points trois par trois. Poids : 1 g. 400. fig. 13. pl. II.

Cette monnaie est de Gaucher de Châtillon, comte de Porcien, connétable de France, qui épousa en 1314 Isabelle de Rumigny, veuve de Thibault II, duc de Lorraine.

On a fait un grand nombre de dissertations relativement au siége de l'atelier monétaire de cette pièce. Suivant les uns, elle aurait été frappée à Ivoy, petite ville connue sous le nom de Carignan, et comprise aujourd'hui dans le département des Ardennes (¹). Suivant d'autres, à la tête desquels se trouve M. Renier-Chalon, l'Yve des monnaies de Gaucher de Châtillon ne saurait être autre chose qu'Yves, petit village près de Florennes, sur les confins de la Belgique (²).

Eu égard à la légende de notre pièce, sur laquelle nous lisons bien distinctement YVE, nous croyons devoir adopter cette dernière opinion, et considérer la pièce que nous possédons comme frappée à Yves.

VII.

Nous terminons cette notice par la description de deux monnaies de Jean, duc de Luxembourg, roi de Bohême et

(¹) Ivoy faisait autrefois partie du comté de Chiny dans le duché de Luxembourg: elle fut cédée plus tard en 1340 à Jean, roi de Bohême et comte de Luxembourg.

(²) Voici comment peut être résumée l'opinion de M. Renier-Chalon: « Thibault, premier mari d'Isabelle, n'étant encore que seigneur de Florennes, du chef de sa femme, avait obtenu en 1298 de l'empereur Albert d'Autriche le privilége de battre monnaie à Florennes et à Yves, privilége confirmé en 1300 par Hugues de Châlon, évêque de Liège, et contesté en 1307 par Thibault de Bar, son successeur. Gaucher de Châtillon, qui prétendait succéder à tous les droits du premier mari de sa femme, n'a donc pas pu négliger de faire valoir la concession impériale de 1298. Les esterlings seraient donc des monnaies belges, frappées à Yves, qui faisait partie des domaines d'Isabelle de Rumigny. » (Poey-d'Avant, Monnaies féodales de France, t. 3, p. 277.)

surnommé l'Aveugle, qui fut tué à la bataille de Crécy en 1346, en combattant à côté du roi de France, Philippe de Valois. Ces deux monnaies sont au type esterling.

Sur la première nous lisons, de face : +IOHANNES DEI GRA, et au revers: REX-BOE-ET P-OLO. Poids 1 gr. 350. Fig. 14, pl. II.

Sur la seconde, la plus curieuse sans contredit de la trouvaille, on lit, de face : +E BOEMIE REX P...ANIE, et au revers : MON-ETA-DEV-ILER. Poids : 1 gr. 050. Fig. 15, pl. II.

J'ai communiqué cette dernière pièce à plusieurs numismates distingués, entre autres à M. Robert, de Metz, et à M. An. de Barthélemy ; tous s'accordent à la croire inédite et à l'attribuer à Jean de Luxembourg. La légende de face, ainsi que celle qui se lit sur la pièce précédente, mentionnerait les prétentions de ce prince au royaume de Pologne. Quant au DEVILER qui se voit au revers, je suis disposé à croire, avec M. Robert, qu'il indique Damvilliers, village de la Meuse faisant partie d'un fief de Jean de Luxembourg, où ce dernier battait monnaie, ainsi que l'atteste un autre esterling connu, portant de face : EIWANES REX BOHME; et au revers : DENVILERNSIS.

Une autre remarque relative à ces pièces, consiste dans l'E qui commence la légende de face, et qui n'a d'autre raison d'être que de tromper l'œil, de façon à faire circuler ces pièces comme monnaies anglaises au nom d'Edouard.

La présence de monnaies anglaises sur le sol de notre contrée n'a rien qui doive étonner, lorsqu'on se rappelle qu'à l'époque à laquelle ces pièces remontent, presque tout l'ouest de la France était sous la domination anglaise. Le Vendomois lui-même, grand fief des comtes d'Anjou, devint, en quelque sorte, un apanage de la couronne d'Angleterre par le mariage en 1120 de Geoffroy le Bel, comte d'Anjou, avec Mathilde, fille de Henri Ier, roi d'Angleterre. Les monnaies anglaises étaient donc par là même naturalisées dans notre pays, et y avaient pour ainsi dire cours forcé. Elles devaient même être préférées aux monnaies françaises, qui, sous Philippe le Bel, surnommé le faux monnayeur, furent tellement altérées, par suite de la pénurie du trésor royal, qu'elles tombèrent dans un discrédit complet, et que les étrangers ne les recevaient plus qu'avec défiance et au-dessous du cours nominal.

Quant aux quelques baronales qui accompagnent les es-

terlings anglais, leur présence n'a rien, non plus, de surprenant. Chaque petit état a toujours cherché à donner à ses
monnaies la forme la plus acceptable en tous lieux, à imprimer aux légendes le plus de ressemblance avec celles des
monnaies généralement répandues. C'est ainsi qu'à certaines
époques la plupart des monnaies baronales ne furent que de
simples imitations de celles de France ou d'Angleterre, uni-
quement parce que ces types étaient de bon aloi et accueillis
partout avec faveur.

NOTE SUR UNE DÉCOUVERTE DE PETITES PIÈCES DE MONNAIE A HOTTOT-EN-AUGE (CALVADOS).

Dans le cours du mois de juin de cette année, il a été
fait, dans le département du Calvados, une trouvaille de petites pièces en billon, qui intéresse à un certain degré notre
pays, puisqu'elle se compose en majeure partie de monnaies
au type chartrain.

Sur quatre mille pièces environ, il s'en est trouvé 200
de Vendôme, toutes anonymes au type de la tête dégénérée,
et portant au revers une croix, avec la légende VDON
CAOSTO.

On remarquait, en outre, des monnaies de Guingamp,
d'Anjou, de Châteaudun, de Saint-Martin de Tours, de
Gien, de Nevers, de Soissons, de Châteauroux, de Nantes,
puis des deniers en argent de Henri II et de Henri III d'Angleterre.

M. Paysant, qui a fait à la Société des Antiquaires de
Normandie un rapport sur cette trouvaille, n'a pas mentionné plusieurs autres pièces, uniques dans le dépôt, et peu
rares du reste, dont je dois la connaissance à un amateur de
numismatique zélé et intelligent, M. le docteur Pépin, médecin aux environs de Caen. Arrivé le premier à Hottot
après la découverte de ce trésor, M. Pépin acheta aux ouvriers une cinquantaine de pièces qu'il tria avec soin et
parmi lesquelles se trouvaient :

1 pièce du prieuré de Souvigny;

1 des sires de Bourbon;

1 de Louis VI, roi de France.

1° *Prieuré de Souvigny*. Le prieuré de Souvigny, situé
dans le Bourbonnais, reçut de Hugues-Capet en 995 le droit
de frapper monnaie au type de Saint Mayeul, son patron.
Ce droit, partagé dans la suite par les moines et par les seigneurs de Bourbon, fut acheté définitivement en 1320

par Philippe le Long à Louis de Clermont, moyennant 15,000 petits tournois, somme qui pourrait représenter aujourd'hui 24,000 francs de notre monnaie.

La pièce trouvée à Hottot est une des plus anciennes du prieuré de Souvigny ; elle présente, d'un côté, le buste de face de Saint Mayeul avec une crosse, et la légende : S.C.S. MAIOLUS ; au revers, une croix simple dans le champ, avec la légende : †SILVINIACO entre deux grenetis.

2° *Seigneurie de Bourbon*. Notre pièce, une des plus anciennes du Bourbonnais, porte d'un côté une tête dégénérée avec ces mots : † LODVICVS REX, légende royale que l'on suppose avoir été dans le principe celle de Louis d'Outre-mer ; au revers : une croix cantonnée d'un trèfle au 1er et 2e avec la légende † BORBONENSIS.

3° Une preuve de la puissance féodale aux X°, XI° et XII° siècles, c'est la rareté des monnaies royales des premiers Capétiens. Au milieu des quatre mille pièces de la trouvaille d'Hottot, il ne s'est rencontré, à notre connaissance, qu'une seule monnaie royale. Nous pensons qu'elle doit être attribuée à Louis VI, qui régna de 1108 à 1137 ; elle sort de l'atelier monétaire de Dreux. La face porte en légende LVDOV — CVS RE ; au centre, un temple carlovingien surmonté d'un croissant et accosté de deux points. Au revers : DRVCAS CASTA ; dans le champ, une croix cantonnée d'un C au 1er et au 4e.

N'ayant eu pour but, dans cette notice, que de compléter la description des pièces découvertes à Hottot, je renverrai, pour tout ce qui concerne cette trouvaille, au rapport publié par M. Paysant dans le Bulletin de la Société des Antiquaires de Normandie, juin 1862.

M. Jeannotte-Bozérian, membre du Conseil Général, lit une biographie de Ronsard, qui, comme celle de Maillé-Bénehart, sera imprimée et paraîtra en dehors du Bulletin.

M. Ch. Chautard a la parole, et lit la pièce de vers qui suit :

ÉPITRE FAMILIÈRE

à la Société Archéologique du Vendomois.

M'est-il permis, Messieurs, d'user très-largement
De l'article premier de notre réglement,
Et de ne vous parler point archéologie,
Dont je ne connais rien que l'étymologie?
Je ne sais déchiffrer ni ces jetons romains,
Ni ces inscriptions, ni ces vieux parchemins
Qu'une main inconnue ornait d'enluminures
Et que le temps orna de jaunes moisissures,
Parfum si doux au nez du savant d'aujourd'hui,
Et flairé par les rats bien longtemps avant lui.
Partant, fort empêché, Messieurs, en cette affaire
De vous montrer un peu mon talent d'antiquaire,
Bravant la raillerie et les petits propos,
Vous plairait-il qu'en vers je vous disse deux mots?
Répondant à l'appel d'une voix bien amie (¹)
Qui tâchait d'éveiller une muse endormie,
Sans trouver rien qui vaille, ode, conte ou chanson,
J'ai voulu cependant vous payer ma rançon ;
Mon ami de mes vers vient de trouver le titre,
Et je vous ai rimé ce matin mon épître.

Savez-vous bien, Messieurs, qu'on se moque de nous,
Et que les beaux esprits nous appellent des fous?
J'allais dire pédants peut-être, si la rime
N'adoucissait le mot de leur pensée intime.

(¹) M. Ch. Bouchet, bibliothécaire.

« Eux, des savants ! dit on ; bah ! quand ils seront trois,
Sur un tuileau romain je veux faire une croix.
Qui se serait douté jamais que d'un Musée
A Vendôme naîtrait, un beau jour, la pensée ?
Qui pouvait deviner que tant d'honnêtes gens,
S'ils ne l'avaient écrit, étaient tous des savants,
Et que de bons rentiers, de bons propriétaires,
Des juges, des abbés, et même des notaires,
Allaient nous révéler l'histoire du passé,
Qu'ils lisent couramment sur un vieux pot cassé ?
D'un antique grimoire ils devinent les signes ;
Ils vont fouiller nos champs, bouleverser nos vignes,
Arracher les forêts, démolir nos maisons,
Pour chercher un fragment de quelques vieux tessons ;
Ils changent jusqu'aux noms des communes voisines :
Si je vais à Naveil, j'arrive à *Tourtelines;*
Pezou n'est plus Pezou, mais est *Belfogium.*
Où trouver son chemin dans ce Capharnaum ?
Le Maire devrait bien défendre ces sottises !
Mais nous pourrons du moins rire de leurs bêtises ;
Et, certe, ils en feront ! » — Mon Dieu, qui n'en fait pas ?
La bêtise humaine a de si puissants appas
Qu'à la bien cultiver il semble qu'on s'applique ;
Je n'en excepte point celui qui nous critique,
Et qui, ne faisant rien, aisément rit de nous.
Faut-il donc en gémir et nous mettre en courroux,
Ou rire à notre tour des rieurs ? Puisque, en somme,
De tous les animaux le seul qui rit, c'est l'homme,
Eh bien, Messieurs, rions avec celui qui rit,
Et nous aurons d'abord pour nous les gens d'esprit,
Qui savent qu'en tout temps, et surtout dans le nôtre,
Une moitié du monde a toujours ri de l'autre.
Puis, le rire est si bon, et si rare aujourd'hui,
Que je pardonne à ceux qui courent après lui ;

Dans ce siècle tout plein de choses assez tristes,
Heureux de la gaieté qui retrouve les pistes!

Des bêtises!....Messieurs, mais on en dit partout,
Mais l'homme en assaisonne un immense ragoût!
On en dit à la Chambre, en pleine Académie,
Aux cours de droit civil comme aux cours de chimie;
Le *Siècle* et la *Gazette* à leurs bons abonnés
En jettent tous les jours par centaines au nez;
Le *Journal des Débats*, le *Loir* lui-même... en disent;
Et que d'heureux lecteurs sans comprendre les lisent!
On en dit à Paris que l'on fait imprimer;
On en dit... Prudemment, je ne puis tout nommer.
On en dit au Barreau sans compter les paroles;
On en dit au collége, on en dit aux écoles,
On en dit..........et je proclame ici
Qu'à la Chambre des Pairs on en disait aussi;
Moi-même en ce moment...Cependant je m'arrête,
Car je vous ai prouvé que je suis non moins bête
En osant dans ces vers à la hâte tracés,
Et devant vous, Messieurs, parler de pots cassés.

Continuez, Messieurs, votre œuvre pacifique,
Que ne trouble jamais l'aveugle politique;
Apportez votre pierre au nouveau monument
Que Vendôme verra s'élever lentement,
Pour demander d'un temps qui ne fut pas sans gloire
A ces muets témoins l'impartiale histoire;
Cherchez, selon vos goûts, ou la science ou l'art;
Et quand vous nous parlez de notre vieux Ronsard (¹),
Quand vous nous enseignez les lois de la nature (²),

(¹) M. Jeannotte-Bozérian, Biographie de Ronsard.
(²) M. Nouel, Théorie du Givre et du Verglas.

Quand un temple détruit revit par la peinture (¹),
Ce soir, quand l'un de vous, savant ingénieux,
Trouvant dans les tombeaux creusés par nos aïeux
Quelques pieux débris confiés à la terre,
Du culte des Gaulois nous dévoile un mystère (²);
Quand un lien commun, quand une même voix
Nous unissent au nom du pays vendomois,
Laissez rire, Messieurs, celui qui veut bien rire,
Car votre œuvre déjà ne craint plus la satire.

Les travaux qui, à cause de l'heure avancée, n'ont pu être lus, le seront à la séance générale de janvier.

L'ordre du jour étant épuisé, la séance est levée.

Le Secrétaire,

LAUNAY.

(¹) M. Launay, Vues de l'église St-Martin,
(²) M. Ch. Bouchet, Sépultures gallo-romaines.

Vendôme. Impr. et Lith. Lemercier.

TABLE

Séance du 9 janvier 1862.

Séance du 10 avril 1862.

Séance du 10 juillet 1862.

Séance du 9 octobre 1862.

FIN.